UNIVERSALE PAPERBACKS IL MULINO

796.

SARA BENTIVEGNA GIOVANNI BOCCIA ARTIERI

VOCI DELLA DEMOCRAZIA

Il futuro del dibattito pubblico

IL MULINO

ISBN 978-88-15-29402-9

Redazione e produzione: Edimill srl - www.edimill.it

INDICE

IL DIBATTITO PUBBLICO E IL SUO FUTURO

Sempre più di frequente capita di imbattersi in analisi, dichiarazioni e letture relative allo stato del dibattito pubblico nel mondo contemporaneo tese a evidenziarne la crisi e, talvolta, addirittura ad annunciarne la fine. La diffusa preoccupazione circa lo stato di salute del dibattito pubblico trova la sua ragion d'essere nella condivisa consapevolezza che esso è essenziale per la democrazia e ne rappresenta uno dei suoi tratti costitutivi. Così, l'assenza di scambio, confronto e dialogo tra i diversi attori e la difficoltà di pervenire alla formulazione di un'opinione mettono in crisi l'idea stessa di democrazia tanto da far sostenere che sia impossibile immaginare una democrazia priva di dibattito pubblico.

Ma perché si ritiene di assistere, o essere in procinto di assistere, alla fine del dibattito pubblico? Per cercare di dare una risposta a questa domanda è necessario prestare attenzione alle numerose e profonde trasformazioni che hanno investito tanto il sistema politico quanto il sistema dei media. In prima battuta, basta gettare uno sguardo a ciò che è accaduto in tempi recenti oltreoceano (con l'ex presidente Trump che era perennemente impegnato a fare e disfare la politica americana grazie alla pubblicazione di tweet che smentivano o rendevano vane le trattative ufficiali) o nel nostro paese (con leader politici impegnati in prima persona ad attaccare i loro oppositori fino al punto da segnalare i loro volti e offrirli ai propri follower come occasione di mobilitazione «contro») per trovare una conferma immediata delle profonde trasformazioni che hanno investito il dibattito pubblico, divenuto sempre più spesso occasione di scontro e posizionamento piuttosto che confronto e discussione.

Gli elementi negativi che accompagnano il discorso sul dibattito pubblico – anche in riferimento alla diffusione di notizie imprecise o addirittura inventate che attivano dinamiche di opinione di natura prevalentemente emotiva – prevalgono ormai largamente e si collocano all'interno di un frame interpretativo venato da preoccupazione e senso di impotenza. La focalizzazione dell'attenzione su tali elementi produce il duplice effetto, da un lato, di creare una sorta di nostalgia per un'età dell'oro caratterizzata da un dibattito pubblico che viene rappresentato come corretto ed estraneo alle dinamiche aggressive e mistificatorie tipiche del tempo presente, e dall'altro, di generare una profonda difficoltà a cogliere le trasformazioni in corso. Potremmo dire che siamo perennemente rivolti con la testa all'indietro in cerca di parametri da utilizzare per misurare lo scarto con il presente e, in tal modo, ci precludiamo la possibilità e la necessità di individuare gli sviluppi futuri. Non solo. Molto spesso l'attenzione si concentra sulle trasformazioni informative e comunicative che sarebbero state imposte dalla diffusione del web e dei social media e avrebbero mutato la natura stessa del dibattito pubblico in direzione di un'inciviltà del linguaggio, di una crescita di polarizzazione e diffusione di informazioni false, lasciando sullo sfondo i soggetti politici, come se fossero attori di secondo piano costretti a interpretare una parte stabilita da altri, o le stesse organizzazioni mediali, come se non avessero più né controllo né responsabilità sulle informazioni prodotte e messe in circolazione, o senza riflettere su quali siano più in generale le tensioni che hanno portato all'ascesa del populismo e all'accentuazione della polarizzazione all'interno di diverse democrazie. È veramente colpa di internet e dei social media?

Tutto ciò produce, inevitabilmente, quel determinismo tecnologico rinvenibile in molti dei *j'accuse* lanciati contro il web e i social media che costituirebbero una variabile determinante nel deperimento del dibattito pubblico per loro stessa essenza. In una posizione di marginalità, inoltre, vengono collocati spesso i cittadini, dei quali si tende a ignorare o minimizzare il ruolo, sottovalutando la componente emotiva che viene giocata nel loro rapporto con la dimensione politica e, più in generale, una agency comunicativa che sono in grado di esprimere. Insomma, spesso assistiamo a quello che è stato definito un approccio caratterizzato da «riduzionismo comunicativo», ovvero una riduzione della realtà alla sfera comunicativa accompagnata da una marginalizzazione del mondo politico e sociale [Barisione 2020].

È chiaro che l'adozione di un simile frame riduzionista e determinista non ci aiuta a capire cosa sta realmente accadendo al dibattito pubblico e ai processi di formazione dell'opinione pubblica. Il dibattito pubblico è certamente in una fase di profonda trasformazione, che si accompagna alla trasformazione della politica e al rapporto dei cittadini con la politica in un continuo gioco di specchi. Tuttavia, occorre sottolineare che la crisi alla quale stiamo assistendo non è del tutto nuova: anche nel passato abbiamo assistito a crisi analoghe. Al riguardo, basta rileggere alcune riflessioni di Alberto Ronchey allorché scriveva sconsolato che

> l'intolleranza è anche nel linguaggio della crisi italiana. Prevalgono le ideologie dell'indignazione, per le quali esiste un nemico oggettivo in quanto male assoluto. Gli avversari sono «cricche» o «lacché» di questo nemico [...] L'esistenza degli altri sembra insieme abusiva e inverosimile [...] Il concetto di verità regredisce allo stadio teorico pre-hegeliano e pre-dialettico, o forse allo stadio pratico-cileno? [Ronchey 1977, 57]

Qualche anno prima, anche Guido Piovene aveva osservato amareggiato che «non si usa più discutere, sapendo che nessuno cambia più idea in nulla d'importante» [Piovene 1957, 664]. Insomma, la preoccupazione circa un impoverimento, se non addirittura un imbarbarimento, del dibattito pubblico circolava già in tempi non sospetti, quando i partiti erano saldamente in sella e le imprese mediali, tanto pubbliche quanto private, erano altrettanto saldamente al comando dei processi di produzione e circolazione dell'informazione. Nulla di nuovo sotto al sole, dunque, si potrebbe dire, affermando contemporaneamente sia una cosa vera sia una cosa falsa. Perché se è certo vero che la crisi del dibattito pubblico non è un fenomeno nuovo, è altrettanto vero che vi sono elementi inediti che ne modificano nel profondo la natura e rendono di maggiore difficoltà la ricomposizione di un quadro di lettura unitario e l'elaborazione di una visione più ampia in grado di andare oltre i singoli processi.

Questo volume si pone l'obiettivo di partire dal presente per guardare al futuro, senza dimenticare il passato ma riconducendolo alle esigenze proprie dei tempi che, certo, oggi sono profondamente mutate. Diciamo subito e con chiarezza che, a nostro avviso, il dibattito pubblico non è affatto morto. Il dibattito pubblico è vivo e ha un futuro, seppure profondamente diverso da quello del passato. Esso è l'inevitabile prodotto delle trasformazioni che hanno segnato il contesto sociale, politico e mediale nel quale oggi ci collochiamo. Si tratta di un contesto nel quale la democrazia si caratterizza ormai come una «democrazia dei pubblici» [Manin 2010; 2014], con il leader politico alla continua ricerca di un contatto diretto con gli elettori per creare un senso di vicinanza e intimità e per cogliere umori e priorità presenti nel corpo elettorale così da potergli dare immediatamente rappresentanza e creare in tal modo un clima di opinione a sé favorevole. Impegnato in questa impresa, il leader ha poco o scarso interesse per un dibattito di medio o lungo respiro o lontano dal tornaconto immediato dei cittadini: i temi e le loro rappresentazioni devono essere chiari, semplici e tali da suscitare pronta adesione e mobilitazione da parte dei suoi sostenitori.

I cittadini, dal canto loro, oltre a non fidarsi più degli attori politici e delle istituzioni politiche hanno iniziato a contestare apertamente e sempre più frequentemente gli esperti e la competenza in generale, manifestando e alimentando un risentimento diffuso nei confronti di tutti coloro che possono essere annoverati come élite [Davies 2019; Nichols 2017]. La competenza, il sapere e l'esperienza, in qualsiasi campo si manifestino e siano stati costruiti, vengono visti come espressione di una discriminazione intollerabile, sanabile solo parzialmente con una presa di parola immediata, a volte rabbiosa, finalizzata, più che a partecipare a una conversazione pubblica, ad affermare una presenza.

Il contesto mediale, infine, vede prevalere la diversificazione e la frammentazione degli interessi, l'appartenenza a molteplici network relazionali, la moltiplicazione degli attori in grado di produrre e diffondere informazione e, in ultimo, una lotta senza quartiere per conquistare spazio nel mercato dell'attenzione. In tali condizioni, il confronto tra declinazioni e prospettive diverse intorno alle questioni di rilevanza pubblica passa decisamente in secondo piano per dare spazio, invece, a una rappresentazione polarizzata della dinamica politica, a una velocizzazione della narrazione e all'adozione del codice emotivo, più adatto a intercettare e trattenere l'attenzione degli utenti mediali. Appare chiaro che, in un contesto così caratterizzato, il dibattito pubblico perde molti dei tratti che, nel passato, lo rendevano immediatamente riconoscibile e interpretabile ma ne acquisisce altri che sono propri della contemporaneità.

Per sviluppare il ragionamento tratteggiato fin qui, abbiamo pensato di organizzare il volume in quattro capitoli. Nel primo capitolo intendiamo riflettere sul concetto di dibattito pubblico, esaminandone l'evoluzione nel corso del tempo in relazione alle trasformazioni del sistema politico e del sistema mediale. Si tratta di una riflessione finalizzata a far emergere i numerosi riferimenti impliciti nell'«idealtipo» di weberiana memoria che spesso accompagna le analisi e che, quasi inevitabilmente, porta a vagheggiare di una perduta età dell'oro contro quella più disincantata e scoraggiata del tempo presente. A nostro avviso, invece, è importante definire e descrivere il contesto nel quale si colloca il dibattito pubblico, soprattutto sui versanti politico e mediale, in modo da farne emergere natura ed elementi caratterizzanti. Così come è altrettanto importante individuare i tratti costitutivi che caratterizzano l'era attuale che, a nostro avviso, può essere etichettata come quella della *disintermediazione* del dibattito pubblico, calata nella fase della democrazia dei pubblici, nella moltiplicazione molecolare degli attori, nella proliferazione delle opportunità comunicative e nella «distribuzione» delle dinamiche di potere attivate. Grazie al ricorso a tali dimensioni, è possibile cogliere la natura attuale del dibattito pubblico, riconducendo fenomeni ed elementi di disturbo all'interno di un framework interpretativo meno lineare rispetto al passato ma più adatto a dare senso al presente.

Tra tali fenomeni, figura senz'altro la diffusione di linguaggi incivili se non, addirittura, di odio nel contesto politico, che rappresentano però una dimensione costitutiva, ancorché problematica, del dibattito pubblico, costringendo a rinunciare a un'idea di purezza che risulterebbe astratta e comunque più desiderata che effettiva, e questo a qualsiasi epoca ci si riferisca. Il punto è quindi mettere a tema quali forme l'inciviltà assuma oggi e di quali tensioni sociali, culturali e politiche sia sintomo, piuttosto che limitarsi a pensarla come una causa *tout court* della tossicità dell'attuale dibattito pubblico. Ed è per tale motivo che nel secondo capitolo l'attenzione si concentrerà sulla diffusione di linguaggi aggressivi e offensivi che accompagnano conversazioni e dichiarazioni di cittadini e/o soggetti politici. Si tratta di una diffusione che attraversa ormai qualsiasi ambito discorsivo e produce un clima di intimidazione e disagio nei confronti di chi si permette di dissentire o dichiarare la propria estraneità verso simili pratiche ma che, al contempo, rappresenta anche una strategia retorica usata dalla politica o contraddistingue modalità comunicative di autocollocarsi all'interno di un gruppo, quando non rappresenti, poi, forme espressive dissenzienti dei cittadini. Anche in questo caso, siamo di fronte a un fenomeno che viene da lontano ma che oggi sembra non avere più confini né barriere utili a contenerlo. Le pratiche comunicative abilitate dalle piattaforme online congiuntamente a una contrapposizione militante e diffusa nei confronti delle élite rappresentano il carburante che alimenta la diffusione dei discorsi aggressivi da parte dei cittadini. Sul versante degli attori politici, il ricorso al linguaggio aggressivo si giustifica in virtù della ricerca di una comunicazione diretta e immediata con gli elettori, finanche intima, alla luce della condivisione del linguaggio della rabbia quotidiana nonché di una strategia comunicativa finalizzata a ritagliarsi uno spazio ben identificabile nel contesto pubblico.

La questione della manipolazione dell'informazione nelle sue varie sfumature (misinformazione, disinformazione, verità alternative) è un altro dei fenomeni indicati come in grado di mettere in crisi il dibattito pubblico, e verrà affrontata nel terzo capitolo. Si tratta di una questione spesso evocata e che induce a dimenticare di cogliere gli elementi realmente innovativi di un problema che certo non è nato negli ultimi anni ma che ha sempre accompagnato la gestione e la rappresentazione del potere. E gli elementi innovativi sui quali, a nostro avviso, è necessario riflettere sono quelli relativi alla moltiplicazione degli attori che oggi possono produrre e mettere in circolazione notizie manipolate, al fatto che questa tipologia di notizie è altamente compatibile con il modello di *business* del mondo dell'informazione centrato sull'economia dell'attenzione, alla velocità con la quale queste notizie si diffondono, alla trasformazione continua del loro contenuto a opera dei vari attori che vi entrano in contatto, al rumore complessivo che viene a crearsi. Senza dimenticare, poi, di tenere nel debito conto l'effetto complessivo del rifiuto della competenza da parte dei cittadini che porta a porre sullo stesso piano l'informazione prodotta e distribuita dai professionisti con quella di un proprio contatto su un gruppo di WhatsApp.

Nel quarto capitolo affronteremo il fenomeno della polarizzazione comunicativa, che deriverebbe oggi da una tendenza, denunciata da diverse analisi, relativa alla difficoltà di entrare in contatto con punti di vista alternativi ai propri, poiché ci si chiude all'interno di bolle informative, anche a causa di come funzionano i network online, finendo per radicalizzare le proprie posizioni. Questa questione relativa alle bolle informative e alle *echo chambers* è, a nostro avviso, spesso equivocata e ingigantita ben oltre la sua reale portata. E ciò accade perché ci si dimentica, innanzitutto, che la polarizzazione politica è un fenomeno che ha una sua vita autonoma, forse supportata da quella comunicativa ma certo non riducibile a essa. La polarizzazione politica ha fatto il suo ingresso nella politica americana già da diversi anni a seguito di politiche pubbliche di segno opposto. Essa ha dato origine a una polarizzazione comunicativa, alimentata anche dalle affordance delle piattaforme, che ha fatto dimenticare che

> il dibattito pubblico e la creazione di politiche pubbliche non sono una scienza. Sono radicati nel conflitto, talvolta gestito secondo regole rispettose ma più spesso simile a una partita di hockey senza arbitri e a un invito permanente all'invasione di campo per gli spettatori [Nichols 2017, 40].

Infine, non si può dimenticare la rappresentazione quasi caricaturale dei cittadini chiusi all'interno delle proprie bolle comunicative (Facebook, Twitter, WhatsApp) e privi di qualsiasi contatto con l'esterno. Ebbene, numerose ricerche empiriche hanno smentito questa rappresentazione, restituendo profili di utenti che integrano news provenienti da Facebook con quelle dei telegiornali serali o dei radiogiornali mattutini. Insomma, se sono queste le bolle nelle quali viviamo, i loro confini sono a dir poco porosi.

Al termine di questo percorso che attraversa quelle che sono presentate come le principali minacce alla sopravvivenza del dibattito pubblico, si tornerà a riflettere sui suoi elementi costitutivi, evidenziando tratti già definiti e altri in corso di trasformazione. L'elemento principale sul quale riteniamo si debba riflettere attiene alla presunta assenza di scambio e confronto tra attori portatori di approcci e visioni diverse. Questa rappresentazione del dibattito pubblico ridotto a camere a tenuta stagna è, a nostro avviso, frutto di una lettura che assume a riferimento un assetto mediale e politico proprio del passato, con pochi e ben definiti attori che giocano ruoli prestabiliti e chiari. L'idea che vi possa essere ancora oggi un attore politico o un attore mediale in grado di controllare interamente il processo comunicativo – garantendo, quindi, la circolazione delle diverse posizioni, la conoscenza delle argomentazioni a sostegno o contro e così via – e di influenzare l'opinione pubblica è destinata a essere smentita dall'esperienza quotidiana. Il dibattito pubblico di oggi, e probabilmente anche quello di domani, nasce da una sorta di collage nel quale confluiscono voci e posizioni autorevoli e ufficiali; voci dell'opposizione; voci minoritarie che chiedono rappresentanza; voci di cittadini scoraggiati o indispettiti; voci di troll di professione che cercano di aumentare il volume del rumore e altre voci che appaiono di volta in volta in rappresentanza di istanze diverse. Che tutto ciò produca un effetto cacofonico è fuor di dubbio. Ma allo stesso tempo è anche fuor di dubbio il fatto che, nonostante tale cacofonia, sia possibile individuare i temi al centro del dibattito e le relative posizioni. In un continuo gioco di rimandi tra piattaforme, siti web, motori di ricerca, gruppi su WhatsApp, telegiornali, quotidiani di informazione e talk show politici, hanno modo di emergere tematiche e posizioni assunte dai diversi attori in campo. I processi di ibridazione del sistema mediale, con circuiti di feedback crescenti tra online e offline, e le dinamiche di convergenza mediale che hanno esaltato, anche ideologicamente, l'*empowerment* comunicativo dei cittadini-utenti si trovano così al centro della costruzione di un dibattito pubblico sul quale viene meno la possibilità di esercitare quelle forme di potere comunicativo proprie dell'era della carta stampata e della televisione. È questo il campo, oggi, in cui si rendono visibili le voci della democrazia. Questo lavoro utilizzerà, dunque, il dibattito pubblico come luogo privilegiato di osservazione di quelle trasformazioni che producono le tensioni culturali e sociali che generano un nuovo campo in cui processi democratici, comunicativi e politici entrano in relazione.

CAPITOLO PRIMO

LA TRASFORMAZIONE DEL DIBATTITO PUBBLICO: ISTITUZIONALIZZAZIONE, SPETTACOLARIZZAZIONE, DISINTERMEDIAZIONE

1. *Dibattito pubblico e democrazia*

L'affermazione secondo cui «è impossibile immaginare una democrazia priva di dibattito pubblico» [Thompson 2017, 36-37] può essere considerata contemporaneamente sia una grande banalità, sia un interessante spunto di riflessione. Può essere etichettata come una banalità se si considera che la democrazia implica per sua stessa natura che vi siano libertà e possibilità di confronto tra posizioni diverse, altrimenti non si può parlare di democrazia. Ricordare la centralità del dibattito pubblico in democrazia non è, dunque, un'affermazione sulla quale aprire un dibattito, anche perché sarebbe difficile trovare posizioni e voci discordanti. Se, però, si va oltre e si vuole individuare la natura del rapporto tra democrazia e dibattito pubblico, la banalità lascia il passo alla profondità e alla complessità proprie di concetti sfaccettati e in continua ridefinizione.

Riguardo alla democrazia, è difficile ignorare le continue specificazioni e trasformazioni che hanno accompagnato e continuano ad accompagnare il concetto, evidenziandone di volta in volta dimensioni diverse. In merito, esiste una ricca letteratura che puntualmente registra gli elementi di novità e li trasforma in etichette di immediata comprensione presenti sia negli articoli scientifici sia in quelli giornalistici. Tanto per citarne alcuni, si ricordano quelli di post-democrazia [Crouch 2010], controdemocrazia [Rosanvallon 2012], democrazia del pubblico [Manin 2010], democrazia in diretta [Urbinati 2013] e democrazia ibrida [Diamanti 2014a]. Come si può intuire, tali declinazioni della democrazia non si definiscono certo in relazione al dibattito pubblico ma a una pluralità di dimensioni e di indicatori. In alcuni passaggi, tuttavia, esse fanno riferimento al dibattito pubblico, ovvero al suo ruolo all'interno dei processi democratici allorché consente un rapporto dialogico di comunicazione tra cittadini e classe politica e di governo. Insomma, quale che sia il modello di democrazia assunto a riferimento, appare difficile immaginarlo in assenza di un dibattito pubblico.

D'altro canto, anche il dibattito pubblico ha subito e continua a subire profonde trasformazioni relative ad ambiti diversi: dalla sua formazione alle conseguenze esercitate sui processi decisionali di governo – sempre più collegati e dipendenti dal clima di opinione che circola nel nostro paese – ma, soprattutto, riguardo agli attori coinvolti nell'agire comunicativo. Così, se nel passato il dibattito pubblico aveva pochi e ben identificabili attori – leader e partiti supportati o meno da proprie strutture organizzative e comunicative, gruppi di interesse più o meno stabili e organizzati, attori mediali con il compito di mediare il discorso pubblico divenuti vieppiù protagonisti dello stesso discorso oggetto di mediazione –, oggi, oltre ai soliti noti, si è aggiunto un nuovo attore: il pubblico.

Si tratta di un attore che, ovviamente, ha sempre avuto un suo ruolo nei processi di formazione dell'opinione pubblica – non foss'altro perché è in relazione a esso che si parla di opinione pubblica – ma che oggi ha ampliato il suo ambito di azione. Secondo Vincent Price il pubblico è un'entità dinamica che si organizza e si costituisce intorno a un tema. Da ciò deriva che

> il termine *dibattito pubblico* cerca di descrivere una massa di persone che si organizza in un pubblico – altrimenti detto, le persone riconoscono un problema, producono idee diverse circa il da farsi, prendono in considerazione le alternative e tentano di risolverlo costruendo un consenso intorno a una linea d'azione [Price 2004, 96, corsivo nell'originale].

È interessante notare come nella definizione di pubblico elaborata da Price riecheggino molti dei tratti che caratterizzano la costruzione dei pubblici ai tempi dei social media [Bentivegna e Boccia Artieri 2019], vale a dire la natura dinamica nonché la loro costituzione intorno a un tema o problema.

I riferimenti all'individuazione di un problema, la proposta di soluzioni, l'analisi di alternative diverse e i tentativi di soluzione grazie alla costruzione di un consenso intorno a una specifica linea di azione riecheggiano, invece, il ben noto approccio di Jürgen Habermas [1974] che vede il pubblico come attore di un processo discorsivo, che si sviluppa tramite argomentazioni razionali e si colloca in uno spazio accessibile a tutti i soggetti interessati.

Vi è da notare che, in entrambi i casi, siamo di fronte all'idealizzazione di un processo piuttosto che a una sua descrizione. L'assunzione a riferimento di questi «tipi ideali» è all'origine, a nostro avviso, di quell'equivoco che fa sostenere che oggi si sia di fronte alla fine del dibattito pubblico [Thompson 2017] a seguito dell'irruzione dell'emotività nella sfera pubblica [Davies 2019], dell'imbarbarimento del linguaggio che può arrivare ad assumere i tratti di vere e proprie aggressioni, dell'intensificarsi dei fenomeni di disinformazione e della moltiplicazione degli spazi di discussione che, talvolta, possono trasformarsi in vere e proprie *echo chambers* che amplificano e rafforzano credenze e idee in un sistema chiuso.

Si vedrà più avanti se e quanto siano fondate tali accuse o quanto, invece, sia necessario ripensare il dibattito pubblico alla luce delle trasformazioni sociali, politiche, culturali e comunicative che hanno segnato gli ultimi decenni per coglierne i reali elementi di continuità o discontinuità e interpretare i fenomeni citati in una diversa prospettiva. In breve, quanto sia necessario «rivalutare criticamente i concetti che assumono l'esistenza di sfere pubbliche e sistemi mediali del tutto coerenti al loro interno» [Bennett e Pfetsch 2018, 250] ma che forse non lo sono più o, addirittura, non lo sono mai stati.

Tornando ora a riflettere sulle trasformazioni dei processi democratici prima velocemente enunciati – quantomeno a livello di etichette –, vale la pena ricordare cosa si intende per democrazia rappresentativa, ovvero quel modello di democrazia comune a tutte le democrazie consolidate, oggi fortemente in crisi. Nell'individuare i tratti della democrazia rappresentativa, Giovanni Sartori ritiene che essa possa essere intesa come «un governo dell'opinione, fondato su un pubblico sentire *de re publica*. Il che equivale a dire che alla democrazia rappresentativa basta, per esistere e funzionare, che il pubblico abbia opinioni *sue*; niente di più ma anche – attenzione – niente di meno» [Sartori 1999, 44, corsivo nel testo]. In questa definizione, si coglie con grande chiarezza il nesso tra dibattito pubblico e democrazia allorché il funzionamento di quest'ultima viene ricondotto alla precondizione dell'esistenza di un pubblico in grado di avere opinioni proprie. Così, la democrazia si basa non solo sul diritto di voto dei cittadini ma anche sul «*diritto di ognuno di esprimere le proprie opinioni* in relazione alla *res publica* e all'interesse collettivo» [Grossi 2004, 21, corsivo nel testo]. Formazione ed espressione dell'opinione pubblica sono, dunque, considerate due elementi che caratterizzano i processi democratici.

Per quel che riguarda il diritto ad avere ed esprimere un'opinione, esso era già riconosciuto e studiato dai ricercatori intorno agli anni Quaranta del secolo scorso, ovvero quando si sviluppò la ricerca sui processi di formazione delle opinioni. Per esempio, nell'introduzione a una raccolta di scritti sull'opinione pubblica, Bernard Berelson e Morris Janowitz sostenevano molto chiaramente che «lo sviluppo dei processi democratici ha allargato il pubblico di cui contano le opinioni e ha aumentato la responsabilità sociale e politica dei mezzi di comunicazione. L'importanza dell'opinione pubblica e della comunicazione è dunque chiara» [Berelson e Janowitz 1950, 3]. Nella stessa direzione si sono mossi altri studiosi, interessati alla ricostruzione dell'evoluzione dei processi democratici della società del secolo scorso. Michael Schudson, per esempio, ha dedicato tempo e attenzione a ricostruire e studiare la transizione democratica negli Stati Uniti, mettendo in risalto con grande abilità il nesso esistente tra il coinvolgimento delle masse nella politica e l'affermazione della carta stampata che «a differenza del pamphlet, aiutò a costruire un mercato per il dibattito pubblico. Il giornale fece fare passi in avanti alla discussione pubblica anche perché le due cose erano legate l'una all'altra» [Schudson 2010, 57]. Prima ancora, era stato Alexis de Tocqueville [1962] a sottolineare il nesso esistente tra democrazia e stampa allorché dichiarava che i giornali sono una necessità in una società democratica al punto che «sminuiamo la loro importanza se pensiamo che essi garantiscono solo la libertà: essi custodiscono la civiltà» [*ibidem*, 517]. Dello stesso avviso il sociologo Gabriel Tarde [1901] che riteneva che essi non solo custodiscono la civiltà ma consentono la formazione delle opinioni «imponendo ai discorsi e alle conversazioni la maggior parte dei loro argomenti quotidiani» [*ibidem*, 81]. Insomma, pochi dubbi circa la centralità dei mezzi di comunicazione – allora identificati soprattutto con la stampa – nell'evoluzione dei processi sociali e democratici: d'altro canto, l'ampliamento delle dimensioni del pubblico di cui contano le opinioni comporta il necessario ridimensionamento delle relazioni *face to face* nella realizzazione del dibattito pubblico che emigra, necessariamente, sulle piattaforme mediali.

1.1. *Le dimensioni costitutiva ed espressiva del dibattito pubblico*

Prima di affrontare tale questione, tuttavia, vale la pena di riflettere sul nesso che lega il dibattito pubblico ai processi di governo. Il confronto e finanche lo scontro tra posizioni diverse, rappresentato nelle colonne dei giornali o raccontato nei telegiornali, le eventuali manifestazioni di piazza e le conversazioni su questioni di interesse per la collettività contribuiscono a formare l'opinione di quell'ampio pubblico le cui opinioni contano. Il peso di tali opinioni può esprimersi in modo tradizionale, ad esempio tramite il voto in occasione degli appuntamenti elettorali, oppure mediante pubbliche espressioni di malcontento o sostegno riguardo alle decisioni assunte. Quale che sia la forma espressiva assunta, è facile intuire come tali opinioni possano orientare scelte e decisioni di governo e, quindi, esercitare un peso politico.

Già agli inizi del secolo scorso, gli effetti che l'espressione dell'opinione pubblica può esercitare sulle azioni di governo sono stati al centro della riflessione scientifica [Bentivegna 2020]. Intorno agli anni Venti, infatti, si registrano le posizioni divergenti di John Dewey e Walter Lippmann sul contributo dell'opinione pubblica alla democrazia e sugli atteggiamenti nei confronti del coinvolgimento dei cittadini nelle decisioni politiche. La ricostruzione del dibattito a distanza che si sviluppò tra i due studiosi ci aiuta a focalizzare e comprendere meglio i termini della questione. Pur essendo entrambi consapevoli dell'importanza della circolazione dell'informazione tra i cittadini nello sviluppo dei processi democratici, le loro posizioni erano significativamente distanti riguardo all'interpretazione del suo impatto sull'azione di governo. Dewey [1922; 1925], infatti, riteneva che il coinvolgimento di un numero elevato di individui con punti di vista diversi e argomentazioni diverse aumentasse la possibilità di pervenire a decisioni più razionali e meditate. Nella sua lettura prevaleva l'attenzione alla dimensione partecipativa e di condivisione dei processi decisionali, mentre sullo sfondo rimaneva la questione della costruzione delle opinioni dei cittadini. Su tutt'altro versante si collocava, invece, Lippmann che, consapevole dell'opacità e della problematicità dei processi di formazione dell'opinione pubblica [1963] – dipendenti in buona misura dal ricorso a stereotipi e dall'assunzione a riferimento di pseudo-ambienti frutto della copertura giornalistica –, preferiva che quello che lui definiva «il fantasma dell'opinione pubblica» non venisse tirato in ballo nei processi decisionali di governo, lasciando l'onere delle scelte e delle decisioni a soggetti con le competenze necessarie. Insomma, in estrema sintesi, si può dire che mentre vi erano alcuni studiosi che riconoscevano il peso dell'opinione della maggioranza, altri mettevano in guardia circa il potere manipolatorio dei media nei processi di formazione delle opinioni. Questa contrapposizione tra letture diverse verrà dimenticata negli anni successivi a seguito della diffusione dei sondaggi di opinione e delle posizioni assunte da George Gallup[1] che considererà l'opinione pubblica in grado di cogliere «il polso della democrazia», aprendo così la via al ricorso al sondaggio come strumento di decisione politica in virtù del suo essere inteso come mezzo per intercettare l'opinione dei cittadini.

Questo salto agli inizi del secolo scorso non ha solo la funzione di storicizzare le letture e risalire all'origine di un dibattito che tuttora presenta elementi di grande interesse ma anche di far emergere una doppia dimensione del dibattito pubblico che, a nostro avviso, fa sì che esso sia ancora centrale nell'analisi dello sviluppo dei processi democratici. Quando si parla di dibattito pubblico, infatti, occorre tenere conto sia della sua dimensione *costitutiva*, sia di quella *espressiva*.

I riferimenti alla dimensione *costitutiva* sono già emersi grazie alle cautele e agli avvertimenti espressi da Lippmann riguardo alla formazione dell'opinione pubblica (come si costruisce? Chi interviene nel processo di formazione? Quanto siamo debitori alla logica del *coverage* giornalistico? Quale e quanto potere hanno i diversi attori?), che si ipotizzava essere il frutto di una dinamica di potere, attivata di volta in volta dagli attori coinvolti. Nel contesto democratico, la possibilità di controllare i processi di formazione del dibattito pubblico – riguardo sia ai temi sia alle argomentazioni a essi relative – rappresenta un ambito nel quale si rintracciano scontri di potere tra i vari attori coinvolti, tanto sul fronte politico quanto su quello mediale. Si intuisce facilmente come la crisi di rappresentanza dei partiti politici, le nuove forme di partecipazione politica e le nuove opportunità di azione comunicativa apparse a seguito della trasformazione del sistema mediale abbiano tutte contribuito ad alterare i vecchi equilibri di potere che governavano il dibattito pubblico. Così, nuovi attori, nuove opportunità e nuove identificazioni tra azione politica e azione comunicativa popolano il nuovo spazio di comunicazione e intervengono nei processi di costruzione del dibattito pubblico.

La dimensione *espressiva*, invece, si rintraccia nella pubblicizzazione di posizioni e opinioni in merito a specifici temi e nelle forme che tale messa in pubblico può assumere. La visibilità che ne deriva – sempre maggiore e articolata in concomitanza con la mediatizzazione del dibattito pubblico – si riflette sulle decisioni relative alla gestione della cosa pubblica e produce un inevitabile effetto di retroazione sulle relazioni tra gli attori coinvolti, alterando i precedenti equilibri di potere. Va da sé che con l'avvento dei media digitali – e la loro partecipazione al circuito comunicativo dell'intero ecosistema mediale – si assiste a un potenziamento e un'accelerazione della visibilità, costruita e alimentata grazie alle affordance delle piattaforme in grado di alterare sensibilmente i precedenti assetti. L'aumento della visibilità e il suo dispiegarsi in tempo reale non solo producono un potenziale effetto di breve periodo sul processo decisionale ma comportano un effetto di medio e lungo periodo sulla costruzione di strategie e campagne politiche. Le accuse che talvolta vengono lanciate a leader politici ritenuti troppo «sensibili» nei confronti delle posizioni espresse dai cittadini sull'onda di reazioni emotive derivano esattamente dal riferimento a tale dimensione.

La compresenza delle due dimensioni fa sì che il dibattito pubblico debba essere considerato tanto il luogo di *formazione* quanto quello di *espressione* dell'opinione pubblica, ed è esattamente per tali motivi che il dibattito pubblico è un elemento costitutivo della democrazia e intorno a esso si verificano scontri di potere visibili e invisibili. Il doppio binario – costitutivo ed espressivo – lungo il quale si colloca il dibattito pubblico è alla base di quella tensione che lega l'agency comunicativa alla decisione politica. La progressiva identificazione tra azione politica e azione comunicativa alla quale abbiamo assistito negli ultimi decenni a seguito della mediatizzazione della politica [Bennett ed Entman 2000] e della sua più recente digitalizzazione fa sì che il dibattito pubblico possa essere considerato come un dispositivo conoscitivo da utilizzare per comprendere e ricostruire la natura e gli esiti delle trasformazioni in corso.

2. *La transizione della politica: post-democrazia e generalizzazione*

Per individuare i punti di caduta e quelli di svolta che hanno accompagnato l'evoluzione del dibattito pubblico non si può che partire da una riflessione sulla crisi della «democrazia» e sulle trasformazioni del sistema mediale che hanno accompagnato e, talvolta, contribuito a modificare l'idea di politica e il modo di fare politica da parte dei cittadini.

Iniziamo dicendo che il tema della crisi della democrazia non è affatto nuovo. Tutt'altro. Esso risale ai primi anni Settanta, quando lo stato della democrazia negli Stati

Uniti, in Europa e in Giappone fu oggetto di uno specifico studio [Crozier, Huntington e Watanuki 1977] che divenne una pietra miliare nella riflessione sulla crisi della democrazia. Esattamente venticinque anni dopo, un altro studio tornò a occuparsi della questione [Pharr e Putnam 2000] invitando a una riflessione sul fatto che

> perfino laddove lo scontento dei cittadini per la performance di specifici governi democratici [era] diventato così forte da rovesciare il sistema partitico (come in Giappone e in Italia), questi cambiamenti non [avevano] incluso nessuna seria minaccia ai fondamentali principi e alle istituzioni democratiche [*ibidem*, 7].

Insomma, venticinque anni dopo, si poteva sostenere che la democrazia era riuscita ad affrontare con successo le sfide che le erano state poste. Questo ottimismo, tuttavia, veniva in parte ridimensionato da una nuova questione che gli studiosi sollevavano, ovvero quella di un incremento delle domande e delle aspettative dei cittadini alle quali i leader politici e le stesse istituzioni democratiche avrebbero trovato sempre più difficile offrire risposte soddisfacenti.

2.1. *La parabola discendente della democrazia*

Tali difficoltà sono sotto gli occhi di tutti, così come è sotto gli occhi di tutti il paradosso che vede l'incremento del numero degli stati nazionali che adottano il sistema democratico congiuntamente all'aumento degli elementi che ne limitano la portata e ne denunciano la crisi [Mair 2016]. In termini figurativi, questa situazione è stata descritta molto efficacemente da Colin Crouch quando ha sostenuto che «la democrazia piuttosto che un percorso circolare ha compiuto una parabola» [Crouch 2010, 8] e oggi, dopo una fase ascendente, ci troviamo in una fase discendente – definita come post-democrazia. In questa fase, secondo Crouch, tutte le componenti formali sopravvivono ma, contemporaneamente, aumenta il potere di alcune élite protagoniste dei processi di globalizzazione. Insomma, le regole e le istituzioni democratiche sopravvivono senza grandi apparenti cambiamenti però, intanto, aumenta e si diffonde lo scontento nei confronti degli attori politici e delle loro prestazioni.

Tra le ragioni alla base dell'inversione di tendenza della parabola democratica, la crisi dei partiti occupa un ruolo di rilievo che, per il nostro ragionamento sul rapporto tra democrazia e dibattito pubblico, è ancora più significativo perché concorre a modificare la posizione di uno degli attori principali nello spazio discorsivo. La crisi dei partiti si associa, infatti, a quel passaggio dalla «democrazia dei partiti» alla «democrazia del pubblico» individuato e descritto brillantemente da Bernard Manin [2010]. Così, se nel passato, il partito rappresentava il principale canale di relazione tra governo e società, diventando nel caso del partito di massa esso stesso un canale di comunicazione [Diamanti 2014a] e dando vita alla cosiddetta «democrazia dei partiti», oggi esso si identifica sempre più in un leader che per attivare canali di relazione con i cittadini ricorre ai media e alle tecniche di marketing politico-elettorale. L'adattamento reciproco tra partiti e media – congiuntamente alle profonde trasformazioni di entrambi [Prior 2007; Gerbaudo 2020] – è alla base di quella metamorfosi segnalata da Manin e indicata come «democrazia del pubblico», ovvero l'espressione del governo rappresentativo nel quale l'azione politica e l'azione comunicativa coincidono grazie ai media e, in particolare, alla televisione. Nella democrazia del pubblico, il pubblico viene visto come «un insieme relativamente omogeneo, portatore di valori e convinzioni diversi, spesso opposti tra loro, ma esposto agli stessi flussi informativi e a un ambiente comunicativo simile» [Manin 2014, 576]. Gli sviluppi della comunicazione e, in particolare, la cosiddetta fase dell'abbondanza comunicativa [Blumler 2016; Keane 2013] – caratterizzata da una molteplicità di canali televisivi e dalla centralità del web – comportano il passaggio dalla democrazia del pubblico alla democrazia dei pubblici [Manin 2014]. Nel nuovo contesto mediale, i cittadini mettono in atto forme di selezione rispetto all'offerta disponibile e, contemporaneamente, sperimentano le opportunità partecipative offerte dal web.

La combinazione tra crisi dei partiti e affermazione del web, prima, e dei social media, dopo, porta a un'inedita espansione del campo discorsivo e di agency dei soggetti con inevitabili ripercussioni sugli sviluppi democratici. Ecco che, allora, per dare conto delle trasformazioni in atto, si inizia a parlare di «democrazia ibrida» [Diamanti 2014a], intesa come conseguenza della permanenza di elementi vecchi e nuovi, o di quella che può essere anche definita una «democrazia in diretta» [Urbinati 2013], sottolineando la riduzione dei tempi della politica e il ridimensionamento della tradizionale funzione di mediazione, oppure di una «bubble democracy» [Palano 2020], indicando la frammentazione del pubblico in bolle con conseguente spinta verso forme di polarizzazione.

2.2. *La politica dei pubblici*

Come si può notare, quali che siano la definizione adottata e l'aspetto maggiormente enfatizzato, la crisi della democrazia coincide con la crisi dei partiti e con il loro tradizionale ruolo di mediazione, divenuto ora apparentemente ridondante alla luce del diffuso protagonismo politico e comunicativo dei cittadini reso possibile dalle infrastrutture tecnologiche: prima il web e poi i social media. D'altro canto, è da tempo ormai che si parla di post-partito [Mancini 2015] o partito digitale [Gerbaudo 2020] a indicare la nuova natura del soggetto partito. È interessante sottolineare, tuttavia, che nonostante il deficit di fiducia registrato nei confronti dei partiti politici, non si rileva un decremento dell'interesse per la politica: esso, infatti, passa dal 57% (aggregando il livello forte e medio) del 2010 al 63% del 2019[2]. Certo, si tratta di soli sei punti che, comunque, offrono indicazioni molto chiare circa il fatto che l'insoddisfazione e la sfiducia nei confronti dei partiti non si accompagnano all'abbandono della politica *tout court* ma danno vita a fenomeni di natura diversa. In alcuni casi, come è emerso in molti paesi negli anni più recenti (Italia, *in primis*), si assiste a una fascinazione per la democrazia diretta in risposta alla crisi della democrazia rappresentativa, testimoniata dall'adesione a «partiti-non partiti» come il Movimento 5 Stelle o Podemos che, oltre ad attivare forme di partecipazione dal basso dei cittadini, utilizzano le piattaforme digitali per dare corpo e forma al nuovo progetto e archiviare la forma partito tradizionale [Biorcio e Natale 2013; Bordignon e Ceccarini 2015; Gerbaudo 2020].

In altri casi, invece, l'interesse per la politica da parte dei cittadini prende strade completamente diverse e si traduce in forme di «partecipazione non convenzionale» o «eterodossa» [Ceccarini 2015]. Molte delle iniziative che si collocano lungo questa lunghezza d'onda sono legate all'opportunità di uso della rete, che rende possibile la nascita di gruppi politici «post-burocratici» [Bimber 2003], fondati sull'impegno dei cittadini al di fuori di organizzazioni stabili, tanto da far sostenere che si è di fronte a una sorta di «organizzazione senza organizzazioni» [Shirky 2008], rappresentazione efficace di quel passaggio dall'azione «collettiva» all'azione «connettiva» [Bennett e Segerberg 2013]. Senza dimenticare, poi, le nuove forme di azione politica che possono assumere le sembianze di vere e proprie campagne, sia pure talvolta anche solo di natura discorsiva, costruite grazie al web. Al riguardo, si può ricordare il fenomeno del #MeToo – divenuto un hashtag virale sui social media nel corso del 2017 – che ha denunciato le molestie sessuali nei confronti delle donne in tutto il mondo e che, in taluni casi, si è concluso con un procedimento giudiziario a seguito di accuse di stupro. Su un fronte diverso possono essere citati il movimento Black Lives Matter, che ha segnato gli Stati Uniti a ridosso dell'elezione presidenziale del 2020 a seguito di reiterate violenze da parte della polizia su cittadini afroamericani, e il movimento Fridays for Future, che ha portato gli studenti di tutto al mondo a protestare periodicamente e collettivamente contro il cambiamento climatico. In questi casi, si è di fronte non solo a manifestazioni pubbliche di protesta ma anche a vere e proprie irruzioni nel dibattito pubblico di tematiche che continuano ad avere una visibilità pubblica a seguito della partecipazione attiva dei cittadini, soprattutto sui social media.

Gli esempi citati consentono di evidenziare l'apparente contraddizione tra una crescente sfiducia nei partiti e un diffuso interesse per la politica, che si risolve grazie al riconoscimento che i cittadini hanno preso le distanze dalla politica tradizionale ma non dalla politica intesa come affermazione e difesa dei propri diritti. Così, mentre i partiti mantengono la loro forza nel campo della politica parlamentare e nella fase elettorale [Manin 2010], contribuendo a mantenere in vita e ad alimentare le forme e le istituzioni democratiche, i cittadini interpretano la politica in modo autonomo e parallelo utilizzando le opportunità offerte dal web e ritagliandosi un nuovo spazio di agency [Bentivegna 2006]. Che si definisca questa nuova politica «sub politics» [Beck 1997], «life politics» [Giddens 1994], o «lifestyle politcs» [Bennett 2003] ha poca importanza. Ha molta importanza, invece, il fatto che questa nuova cultura politica renda esplicito quel fenomeno che già Ulrich Beck [1997] aveva definito «generalizzazione della politica», ovvero una progressiva perdita di centro della politica che finisce col configurarsi come una vera e propria deterritorializzazione. Si tratta di una descrizione della politica che ben si coniuga – anche solo in termini di rappresentazione figurata – con la crescente centralità della rete e delle piattaforme online, con le loro logiche e affordance.

3. *La transizione dei media: un ecosistema ibrido e convergente*

Le trasformazioni della politica e dell'idea stessa di democrazia che abbiamo descritto fin qui sono frutto di numerose variabili e, fra queste, un posto di rilievo certamente riveste il profondo mutamento che ha investito il sistema dei media. Il sistema mediale oggi è caratterizzato da un *continuum* di produzione e circolazione di informazioni che su un versante trova i media ufficiali, da cui è lecito attendersi alti standard di qualità e reputazione, mentre sull'altro trova autori non professionali che sulle piattaforme più varie possono pubblicare contenuti di valore o di pessima qualità. E tutto questo avviene in un contesto non solo nel quale convivono tipi diversi di media ma che evolve attraverso interazioni reciproche tra logiche appartenenti agli *old media* e logiche proprie dei *new media* e che, inoltre, ha finito per modificare il ciclo di diffusione e vita della notizia.

Volendo descrivere l'ecosistema contemporaneo dei media, possiamo partire dal riconoscimento che esso è attraversato da numerose tensioni che entrano in relazione fra loro e che costituiscono un nuovo campo per la comunicazione politica e che possiamo riassumere come *overload* informativo, competizione dei media nel mercato dell'attenzione, frammentazione delle audience e selettività informativa partigiana.

3.1. «*Overload*» *informativo*

La prima e fondamentale tensione è, appunto, quella prodotta da un'abbondanza comunicativa inedita, che deriva dalle trasformazioni introdotte da internet e dai social media sul versante della produzione, distribuzione e consumo dell'informazione, e dalle interconnessioni tra *mass media logic* e *networked media logic* [Klinger, Svensson 2015]. Ciò significa che la nostra dieta mediale è sempre più ricca (quantitativamente) e diversificata: alla costante presenza della televisione e all'uso di altri *mainstream media*, si è affiancato un crescente utilizzo di internet e smartphone, che consolida una tendenza alla disintermediazione digitale, o se vogliamo a una nuova intermediazione prodotta da soggetti di mercato diversi. Questo ha portato a desincronizzare i palinsesti collettivi, con pubblici che si affidano durante la giornata a occasioni e strumenti informativi diversi, personalizzando l'accesso a contenuti e scardinando le gerarchie mediali. Per avere un'idea delle trasformazioni in corso, è sufficiente pensare che nell'arco di tempo che va dal 1960 al 1980 negli Stati Uniti il numero di parole offerte dai media è cresciuto con un ritmo annuo dell'8,8%, il consumo di parole da parte delle audience con un ritmo del 3,3%, mentre il costo medio per ogni parola offerta dai singoli media è crollato nel corso degli anni [Neuman e De Sola Pool 1986]. La lettura di questi dati rende chiaro come, già negli anni Ottanta, ci trovassimo in presenza di una crescita dell'offerta informativa tale da produrre inevitabili problemi sul fronte del suo consumo. L'affermarsi del web e delle possibilità di produzione e distribuzione dell'informazione ha proseguito questa tendenza in un clima da «cornucopia digitale» che ha visto una crescita esponenziale dei contenuti dei media disponibili per una tipica famiglia americana, calcolati in termini di minuti prodotti dai media per ogni minuto di consumo effettivo: si passa dagli 84 minuti prodotti per ogni minuto consumato del 1960 agli 884 minuti del 2005 [Neuman, Parl e Panek 2012]. Si tratta di un aumento dell'offerta al di fuori delle possibilità di controllo da parte dell'essere umano, che evidenzia una crescente difficoltà cognitiva di scelta nell'abbondanza comunicativa e di orientamento rispetto all'offerta indicata comunemente con l'espressione *overload informativo*.

Il sovraccarico comunicativo che segna l'attuale ecosistema mediale è un tratto costitutivo di quella che Jay Blumler [2016] ha definito la «quarta fase della comunicazione politica», che ricomprende al suo interno molti tratti delle fasi precedenti e che esalta, soprattutto, la propensione alla diversificazione centrifuga. Non vi sono dubbi, infatti, che i maggiori spazi comunicativi rendono possibile la produzione di molteplici contenuti, l'espressione di numerose voci e la costituzione di audience di nicchia. Dal punto di vista dell'offerta, ciò ha prodotto un'incredibile competizione per conquistare quote di attenzione del pubblico [Webster 2014].

3.2. *Il mercato dell'attenzione*

Ed è proprio la forte concorrenza tra i diversi media a costituire la seconda tensione che segna l'attuale ecosistema mediale: infatti, l'obiettivo principale dei media non è più quello di massimizzare il numero dei lettori e le entrate degli abbonamenti, come accadeva in passato, ma di conquistare il bene più prezioso, vale a dire l'attenzione dei lettori/utenti. In altre parole, la competizione si gioca sul margine intensivo (l'attenzione) piuttosto che sul margine estensivo (la dimensione del pubblico). La spietata concorrenza che è venuta a crearsi è alla base della proliferazione di contenuti costruiti e/o diffusi intenzionalmente per catturare quote crescenti di pubblico: dalle cosiddette notizie *clickbait* che affollano ormai quasi tutte le pagine di informazione sul web allo spazio lasciato agli scontri tra gli esponenti politici appartenenti a schieramenti che affollano i talk show televisivi o le piattaforme dei social media che li rilanciano o che, talvolta, addirittura li producono. Insomma, dall'esplosione dei canali televisivi frutto del cavo e del satellite della fine del secolo scorso, la competizione per conquistare quote di pubblico è aumentata progressivamente e, oggi, dilaga anche sul web. Tutto ciò produce, inevitabilmente, effetti sulla qualità del prodotto: spettacolarizzazione dell'informazione, diffusione del sensazionalismo, sollecitazione di risposte emotive. In breve, si costruisce un prodotto che vuole «provocare risposte emotive (rabbia, paura, indignazione morale) nell'audience attraverso l'uso di generalizzazioni, sensazionalismo, informazioni ingannevoli o palesemente inaccurate, attacchi *ad hominem* e ridicolizzazioni degli oppositori politici» [Berry e Sobieraj 2014, 7]. Insomma, tutto ciò che «fa spettacolo» e richiama l'attenzione è ricercato e inseguito. Sul fronte dell'informazione in senso stretto, si assiste a una profonda crisi del giornalismo [Anderson 2020] – che vede un calo di fiducia pressoché generalizzato – incalzato da autori amatoriali e, soprattutto, condizionato dall'imperativo della velocità (nella selezione, nel *coverage* e nella distribuzione). D'altro canto, secondo William Davies, la velocità è il tratto emblematico del nostro tempo e «le informazioni sono apprezzate più per la rapidità e l'effetto che causano che per la loro neutra oggettività» [Davies 2019, 6]. A dire il vero, il tratto dell'emotività era presente anche nel passato, seppure meno esibito e temperato da un certo formalismo della fonte (si pensi ai telegiornali, per esempio).

3.3. *La frammentazione delle audience*

Come che sia, «la drammatica espansione dell'abbondanza comunicativa, che include più canali, più messaggi, più fonti oltre alla proliferazione di dispositivi attraverso i quali gli individui possono monitorare i messaggi o essere raggiunti da essi» [Blumler 2018, 87] porta con sé l'inevitabile frammentazione dell'audience. È, questa, un'altra delle tensioni che segnano l'ecosistema mediale contemporaneo in modo significativo. Infatti, la moltiplicazione dei canali e la diversificazione dell'offerta rendono più complesso l'accesso a quello che viene definito come «ambiente politico informativo», ovvero quell'insieme di «notizie e contenuti relativi a questioni pubbliche messi a disposizione di un'audience nazionale grazie alle presenza di fonti alle quali si accede abitualmente» [Esser *et al.* 2012, 250]. Il timore avanzato al riguardo è bene esemplificato nel lavoro di Markus Prior [2007] – autore di un volume dal titolo paradigmatico *Post-Broadcast Democracy* – e attiene alla possibilità che si producano crescenti disuguaglianze sul fronte del coinvolgimento politico dei cittadini. Prior, che ha analizzato il contesto mediale degli Stati Uniti, teme l'affermazione di una democrazia che vede i suoi membri raggiunti da una pluralità di fonti e voci, a differenza di quanto avveniva nel passato quando la sera, nelle case delle famiglie americane, circa tre quarti di coloro che possedevano un apparecchio televisivo si sintonizzavano sui programmi di informazione. In breve, l'accesso a fonti diverse e, addirittura, la possibilità di sottrarsi del tutto alle news possono diventare elementi con una elevata carica distruttiva di quel flusso di informazione politica che tutti condividiamo in virtù del fatto di vivere in un ambiente mediale comune. Le preoccupazioni espresse da Prior hanno anticipato quel timore che ancora oggi circola nelle società contemporanee circa la costituzione di una miriade di universi informativi addirittura agevolati dall'affermazione del web – Cass Sunstein [2003] li chiama «camere dell'eco» –, separati tra loro e tali da dare corpo alla dissoluzione del concetto di pubblico. In realtà, pur se in presenza di un'innegabile frammentazione dell'audience, determinata dall'interesse degli stessi soggetti per temi e argomenti di diversa natura, non si può dimenticare che tutte le indagini più recenti sul consumo informativo indicano la presenza di diete multimediali da parte degli individui, all'interno delle quali la vecchia e rassicurante offerta televisiva continua a essere presente. Certo, ciò non significa ridimensionare la questione della frammentazione dell'audience ma, piuttosto, interpretarla all'interno del contesto nel quale effettivamente si realizza, vale a dire un contesto in cui i comportamenti di consumo sono trasversali alle diverse piattaforme mediali.

3.4. *Selezione partigiana delle news*

L'ultima tensione che attraversa l'ecosistema mediale e che riveste interesse per il discorso che qui stiamo sviluppando è relativa al ritorno della partigianeria dell'esposizione. D'altro canto, non ci si può stupire che in un contesto comunicativo a elevata possibilità di scelta si attivino meccanismi di selezione tesi a individuare e scegliere argomenti, temi ed emittenti ritenuti più sintonici con gli interessi, le attitudini degli individui e le loro visioni del mondo preesistenti. Così, da un lato, l'offerta – per rispondere alla competizione derivante da una grande opportunità di scelta – si caratterizza sempre più in termini «partigiani» e va a occupare posizioni di nicchia un tempo assenti, dall'altro, il consumo si adatta al nuovo contesto e approfitta del ventaglio di scelta. Questo potere di selezione dei soggetti è stato spesso interpretato come l'altra faccia della medaglia della fine dell'esposizione casuale ai messaggi dei media, tale da prefigurare un possibile ritorno all'era degli effetti limitati dei media [Bennett e Iyengar 2008]. Il riferimento più chiaro all'esistenza di tale nesso si ritrova nel seguente passo, «non appena le audience dei media si trasformano in più piccole rappresentazioni dell'elettorato che la pensano allo stesso modo, diventa sempre meno probabile che i messaggi dei media possano fare qualcosa che non sia rafforzare le precedenti predisposizioni» [*ibidem*, 724]. Vedremo nelle pagine seguenti come questo potere di scelta dei soggetti sia ricondotto nell'alveo della riflessione sulla polarizzazione politica che segna le democrazie contemporanee, dimenticando come nel panorama informativo vi siano sempre state testate schierate e di parte, emittenti televisive con sintonie più o meno dichiarate per un partito o per l'altro.

3.5. *Convergenza e ibridazione*

Le tensioni descritte fin qui, proprie della comunicazione politica, si collocano all'interno di un ecosistema dei media orientato alla convergenza e all'ibridazione. Dire che sia orientato alla convergenza significa indicare diversi aspetti del mutamento: innanzitutto un rapporto di crescente sinergia tra politica e industria dei media e la moltiplicazione di piattaforme che possono confluire l'una nell'altra nel contesto dell'informazione. La convergenza è l'esito di un cambiamento culturale che ha a che fare con «il flusso dei contenuti su più piattaforme, la cooperazione tra più settori dell'industria dei media e il migrare del pubblico alla ricerca continua di nuove esperienze di intrattenimento» e informazione [Jenkins 2007, XXV]. Si tratta di un convergere fra le culture istituzionali e quelle «dal basso», che porta i pubblici a ricercare e consumare i contenuti combinando fra loro diversi media e i media a coinvolgere in chiave «partecipativa» le audience nei processi produttivi e distributivi oltre che di consumo. Quello della convergenza del nuovo ecosistema dei media è un terreno che ha enfatizzato le dinamiche partecipative e le virtù dell'interattività, che ha spesso mostrato, sia nelle ricerche sia nel dibattito relativo al mondo dell'informazione, il valore del non professionismo nei media – pensiamo alla retorica sul *citizen journalism* – e delle mobilitazioni *grassroots*: basta pensare all'entusiasmo tecnodeterminista per la *Twitter Revolution* che ha caratterizzato le notizie sulle Primavere arabe su tutti i news media. Questa enfasi sul contesto di convergenza dei media e sul cittadino attivo attraverso i media è stata spesso trattata nei termini di un valore universalistico per la democrazia e generalizzabile in ogni democrazia, piuttosto che domandarsi quanto fosse frutto contingente di contraddizioni politiche all'interno della cittadinanza democratica, contraddizioni che sono storicamente e geograficamente determinate. Né ci si è sufficientemente soffermati su come le forme di attivismo mediale e le sue logiche partecipative possano essere una componente dissonante nelle democrazie liberali, tenendo conto del rapporto tra media e cittadinanza che ha caratterizzato l'emergere di populismi e di fenomeni collegati all'*alt-right*.

Con il concetto di *hybrid media system* [Chadwick 2013] si intende invece indicare come il sistema dei media si fondi su un livello crescente di interazioni tra vecchi e nuovi media e tra tecnologie, generi, norme, comportamenti e organizzazioni a esso associati. Le relazioni tra gli attori sociali in questo sistema mediale ibrido sono complesse e si fondano su adattamento e interdipendenza, così che le relazioni e interazioni tra politici e giornalisti, scrittori professionisti e blogger dilettanti, siti di volontariato e grandi imprese aziendali producono mutazioni continue nel sistema dei media generando uno scenario nuovo in cui le vecchie distinzioni, per esempio fra media tradizionali e nuovi media, tra professionisti e amatori, saltano: «l'ontologia dell'ibridità consente di cogliere e spiegare il significato di processi che potrebbero essere oscurati da orientamenti dicotomici, essenzialisti o semplicemente meno flessibili» [*ibidem*, 9]. Si tratta di un approccio che ci consente di osservare come televisioni, quotidiani e social media trovino forme di collaborazione comunicativa in un gioco di rimandi tra vecchie e nuove logiche mediali.

4. *Le dimensioni del dibattito pubblico*

La complessa fase di trasformazione della dimensione politica e di quella mediale alla quale assistiamo può essere letta in modo differente a seconda che la si consideri il risultato di un mutamento sostanziale che investe il più ampio sistema sociale oppure un momento specifico di un ciclo di cambiamento frutto della riconfigurazione degli equilibri tra le varie dimensioni coinvolte. Per quel che ci riguarda, siamo più propensi a concordare con chi ritiene che «le cose non siano né migliori né peggiori rispetto al passato ma che siano semplicemente diverse» [Davis 2019, 35]. In poche parole, riteniamo che il dibattito pubblico non sia affatto finito o che sia destinato a esserlo, come sostiene Thompson [2017], ma che, molto più semplicemente, sia in una fase di trasformazione, nella quale convivono sia elementi innovativi che conservativi. Il pessimismo che talvolta trapela nelle letture che circolano deriva, a nostro avviso, da una sorta di nostalgia per un'età dell'oro, che ormai non esiste più. Come talvolta accade quando si recupera e si coltiva qualcosa del passato, il presente risulta inevitabilmente insoddisfacente e inadeguato, e si rischia di non coglierne gli aspetti di interesse. Con l'intento di cogliere gli elementi caratterizzanti il presente e identificare quelli del passato, abbiamo individuato alcune dimensioni che contribuiscono a mettere ordine e comprendere meglio l'evoluzione e la trasformazione del dibattito pubblico. Si tratta di dimensioni relative al *tipo di democrazia*, all'*ambiente mediale*, all'*ambito attoriale* e alle *dinamiche di potere* che si stabiliscono tra i diversi attori a livello sia dei singoli sia delle organizzazioni e, pur se presentate separatamente, mostrano una profonda interconnessione tra di loro.

4.1. *I tipi di democrazia*

Punto di partenza della nostra ricostruzione non può che essere l'analisi della trasformazione della democrazia o, per citare Bernard Manin [2010], la metamorfosi della democrazia rappresentativa. Si tratta di una metamorfosi che vede il passaggio dalla democrazia dei partiti alla democrazia dei pubblici o democrazia ibrida [Diamanti 2014b] e che consente di individuare e descrivere l'evoluzione del rapporto tra politica e cittadini nel mondo contemporaneo. Pochi dubbi circa il fatto che «il tempo della democrazia dei partiti è ormai passato» [Mair 2016, 5] e che oggi si vive in una democrazia nella quale i partiti costituiscono un pallido e sfocato ricordo del passato, quando l'identificazione dei cittadini con i partiti accompagnava e segnava le loro scelte identitarie sociali e politiche che mettevano in ombra le singole persone (i candidati, per esempio) per dare spazio e significato al solo soggetto partito. Il soggetto partito, con la sua organizzazione burocratica [Bimber 2003], i suoi militanti e i suoi organi di informazione, consentiva identificazione e rappresentanza, vincolando gli individui a un rapporto fiduciario che li accompagnava, talvolta, per l'intera esistenza. Dal punto di vista comunicativo, i partiti garantivano i flussi di comunicazione con gli elettori tramite le proprie fonti mediali (tradizionalmente: giornali e radio), la rete dei militanti, le associazioni nazionali e locali tanto del tempo libero quanto di quello lavorativo. Inoltre, essi interagivano nell'arena mediale con i giornalisti e le testate informative, partecipando attivamente alla creazione del dibattito pubblico. Insomma, le dinamiche relazionali e gli attori erano pochi e facilmente riconoscibili, anche riguardo alla loro posizione nell'identificazione dei temi e delle policy ispirati all'appartenenza all'area di governo o di opposizione. In tale contesto, i cittadini venivano evocati e rappresentati (anche attraverso simulacri utilizzati all'interno dei testi discorsivi) ma mai realmente coinvolti se non nel momento del voto, quando lo scontro tra le forze in campo li riportava al centro della scena. La progressiva e lenta trasformazione dei partiti in comitati popolati da funzionari e la fine delle grandi narrazioni – quindi delle grandi ideologie –, con il conseguente indebolimento delle identità politiche, aprono la strada alla democrazia del pubblico [Manin 2010]. I due elementi centrali di tale forma di democrazia sono

> l'erosione del consolidato rapporto di fedeltà con i partiti, che ha portato un numero crescente di cittadini ad adattare i loro comportamenti politici alle circostanze contingenti [...] e la personalizzazione delle scelte politiche che ha conferito un ruolo preminente alla personalità e all'immagine del leader [Manin 2014, 575],

spingendo il soggetto partito sullo sfondo fino quasi a eliminarlo del tutto. Elettori in libera uscita – e, quindi, da intercettare e convincere a ogni tornata elettorale di ogni ordine e grado – e rilevanza dell'immagine del leader rendono irrinunciabile il ricorso alle tecniche del marketing politico-elettorale e a forme di comunicazione diretta tra il leader e l'elettore. Si tratta di una comunicazione, tuttavia, che è sostanzialmente asimmetrica, basata sull'assunzione del ruolo di utente passivo (telespettatore, per essere esatti) da parte dei cittadini. Nella democrazia del pubblico, infatti, i processi comunicativi sono saldamente nelle mani dei leader politici e degli attori mediali che, in una dinamica a tratti cooperativa, a tratti competitiva, determinano temi e sviluppi del dibattito pubblico. Gli elettori, in questo gioco delle parti, si «riducono a "spettatori" che, per cambiare programma e attori (politici), possono solo cambiare canale» [Diamanti 2014b, 583], pescando dal palinsesto politico un'offerta più soddisfacente. Lo sfilacciamento progressivo del rapporto tra leader di partito – ormai sempre più spesso senza partito – e cittadini è alla base della trasformazione della democrazia del pubblico in democrazia dei pubblici, vale a dire una democrazia che mantiene alcuni tratti di quella precedente ma che riconosce che «non vi è un unico pubblico, ma vi sono dei segmenti di pubblico» [Manin 2014, 577]. Nella democrazia dei pubblici, non solo vi sono molteplici segmenti di pubblico ma si rintracciano anche sfide dirette alla democrazia rappresentativa (come quella costituita dalla democrazia diretta), irruzioni sulla scena pubblica di attori che danno vita a organizzazioni post-burocratiche e inedite e diffuse forme di espressione politica animate dai cittadini grazie alle opportunità del web e delle piattaforme dei social media. Si assiste così a una pluralizzazione del pubblico non solo in relazione alla selezione dell'offerta (caratterizzata dall'abbondanza e dalla frammentazione) ma, soprattutto, in relazione alle opportunità di agency comunicativa spesso sovrapponibili all'agency politica. In breve, la democrazia dei pubblici rappresenta in modo esemplare la congiunzione tra un nuovo sentire politico e nuove forme di azione comunicativa, tratto identificativo della nuova fase. In un contesto dai contorni così fluidi, con vecchi e nuovi attori e con vecchie e nuove dinamiche comunicative, i processi di costruzione del dibattito pubblico appaiono, inevitabilmente, più complessi e meno definiti ma non per questo meno significativi o in procinto di scomparire.

4.2. *Il contesto dei media*

Passando ora a esaminare la dimensione mediale, è sufficiente evocare il passaggio da un ambiente dominato dalla stampa e dalla radio, poi dalla televisione e ora dal web e dalle piattaforme per cogliere una chiara indicazione della direzione e della natura del cambiamento. Per quel che riguarda il dibattito pubblico, soprattutto la sua costituzione e la sua visibilità, può essere indicativo fare un piccolo esperimento cercando di ricordare le fonti che ci hanno consentito di apprendere informazioni di natura politica nelle ultime 24 ore. La difficoltà che molti di noi provano nel rispondere a una domanda così banale ci consente di cogliere da subito come la formazione e la diffusione dei flussi di informazione politica non siano più appannaggio esclusivo delle organizzazioni mediali, delle testate informative e dei giornalisti e come sia estremamente complicato ricostruirne i percorsi. Le trasformazioni del sistema mediale si caratterizzano, infatti, per una complessificazione delle dinamiche informative, lontane anni luce da quelle che accompagnavano la produzione e il consumo dell'informazione su carta stampata. Parafrasando Beck, potremmo dire che l'informazione, al pari della politica, ha subito un processo di deterritorializzazione che ne rende difficile l'individuazione precisa sulla mappa della nostra vita quotidiana. Nel contesto contemporaneo, le esigenze dei cittadini di essere informati sull'operato della classe politica per esercitare un controllo democratico [Keane 2013], così come quelle dei soggetti politici di far circolare le loro proposte, trovano modo di essere soddisfatte da un'offerta che non si esaurisce in quella costruita dagli attori tradizionali ma coincide addirittura con l'ambiente mediale nel suo complesso. La digitalizzazione della comunicazione, in generale, e dell'informazione, in particolare, è alla base di tale trasformazione. Così, il sistema mediale ha operato continui aggiustamenti tra il vecchio ambiente e il nuovo ambiente, dando vita a quel sistema convergente e ibrido di cui abbiamo parlato nelle pagine precedenti. All'interno di questo nuovo sistema convivono elementi del passato e del presente, in una continua pratica di aggiustamento e adattamento all'ambiente circostante, imposta dalla crescente competizione tra i vari attori e dalle affordance proprie delle piattaforme digitali [Boccia Artieri e Marinelli, 2018]. Possiamo oggi parlare di «piattaformizzazione» per mettere in luce la pervasività sociale, economica e culturale di dinamiche incarnate dalla rete. Le piattaforme rimandano a imprese tecnologiche globali che facilitano le interazioni fra gli utenti, abilitano meccanismi di partecipazione, costituiscono l'ambiente per dinamiche di socialità e disintermediano mercati e relazioni – ad esempio realtà come Amazon, Apple, Facebook, Google e Microsoft. Possiamo pensarle come i nuovi «custodi di internet» [Gillespie 2018], in quanto veri e propri soggetti sociali che hanno egemonizzato il web, sia dal punto di vista infrastrutturale-tecnologico sia in qualità di contesti in cui prendono vita relazioni economiche e sociali. Le piattaforme

> non *causano* una rivoluzione; piuttosto, si stanno progressivamente infiltrando nelle (e convergendo con le) istituzioni (offline, tradizionali) e nelle pratiche che strutturano sul piano organizzativo le società democratiche [...] Le piattaforme non riflettono il sociale: *producono* le strutture sociali nelle quali viviamo [van Dijck, Poell e de Waal 2019, 24].

In tal senso oggi si parla di *platform society*, proprio per sottolineare come si sia generata una relazione inestricabile e interconnessa tra strutture sociali e piattaforme online dando forma a un nuovo ecosistema dei consumi, informativo e comunicativo.

Non vi sono dubbi che il risultato possa apparire molto più caotico e preoccupante rispetto al passato, quando la stampa dominava il dibattito pubblico grazie a chiare e definite dinamiche di potere attivate con il sistema politico. Nonostante ciò, è bene ricordare che l'abbondanza comunicativa prodotta dall'affermazione delle piattaforme non può essere ridotta ai fenomeni negativi che spesso vengono evocati (come la disinformazione, l'*hate speech* e la formazione delle camere dell'eco) perché essa comporta anche la realizzazione di occasioni comunicative riconducibili al pluralismo informativo sulle quali è opportuno riflettere.

4.3. *Gli attori in gioco*

La terza dimensione è quella relativa all'*ambito degli attori in gioco* che appare, nei fatti, fortemente legata alle trasformazioni del sistema mediale e all'idea stessa di politica. Se, infatti, quando l'offerta informativa coincideva largamente con quella della carta stampata, gli attori sulla scena erano gli attori politici – i partiti *in primis* – e gli operatori dell'informazione – intesi tanto come testate che come professionisti –, oggi, con la centralità del web, che consente la nascita e l'azione di organizzazioni post-burocratiche e la diffusione di un'agency comunicativa da parte di tutti i soggetti interessati a esercitarla, si assiste a un ampliamento significativo dell'ambito attoriale, all'interno del quale si trovano «i soliti noti» e «gli ultimi arrivati». In questa nuova configurazione, vanno ricordate la figura del leader politico, balzato al centro della scena nella fase dominata dal mezzo televisivo e ormai stabilmente posizionato – se non addirittura esaltato –, dal web e dai social media tanto da essere diventato «il principe digitale» [Calise e Musella 2019], e quella del giornalista, sempre più partecipe nella costruzione del talk show politico televisivo e spesso protagonista nella discussione digitale dai suoi account nei social media. Nell'attuale sistema ibrido, accanto al trionfo del leader politico in sostituzione del partito, che è l'attore principale di un'offerta informativa televisiva che scivola sempre più verso l'intrattenimento e di una presenza social sempre più intima e familiare, si registra un'inedita proliferazione di attori in grado di intervenire sulla formazione del dibattito pubblico. Tra questi, vale la pena citare associazioni, gruppi di interesse, influencer e gli stessi utenti del web che, attraverso pratiche comunicative diverse, possono esercitare una notevole influenza. Per esempio, il collettivo Indymedia – nato nel 1999 a Seattle a sostegno delle tematiche del Movimento No Global – aveva come obiettivo quello di produrre un'informazione alternativa a quella delle fonti ufficiali a livello mondiale. Lo slogan adottato dal collettivo, «don't hate the media, become the media», illustrava molto chiaramente la natura del tentativo e la consapevolezza della necessità di assumere il ruolo di produttori di informazione. Pur se naufragato qualche anno dopo, questo tentativo rimane ancora importante sul fronte della mobilitazione informativa nell'era del web. Sul versante degli utenti del web, invece, possono essere citati i recenti dati raccolti dal Pew Research Center [Perrin 2020] circa il mutamento di opinione su alcune questioni di rilevanza pubblica (come quella legata al tema *Black Lives Matter*) da parte degli intervistati dopo essere entrati in contatto con messaggi al riguardo sui social media. In questo caso, la condivisione di post o hashtag sulla questione da parte degli utenti ha contribuito ad aumentare la visibilità del tema nonché la sua permanenza nell'agenda pubblica. Certo, non si può escludere che vi sia stata un'azione organizzata per sostenere la visibilità del tema ma non si può neppure escludere che a sostenerla sia stata l'agency comunicativa dei singoli utenti. In ogni caso, è innegabile che l'ambito attoriale sia mutato nel corso del tempo e abbia dato vita a una complessificazione del dibattito pubblico, sul fronte sia della sua costituzione sia della sua espressione. Tanto più se si considera che l'agency degli utenti si rintraccia non solo in relazione al sostegno di specifiche issue o campagne ma anche nell'indicazione fornita alle piattaforme grazie al loro comportamento online. L'apprezzamento e l'engagement degli utenti si trasformano, infatti, in azioni comunicative da parte delle piattaforme che proiettano il comportamento dei singoli in una dimensione collettiva rafforzandone la visibilità e l'impatto e intervenendo, nei fatti, sulle dinamiche di potere che intercorrono tra tutti gli attori coinvolti nel dibattito pubblico.

4.4. *Le dinamiche di potere*

Non a caso, l'ultima dimensione che ci consente di ricostruire il percorso trasformativo del dibattito pubblico, cogliendone punti di continuità e discontinuità con il passato, è quella delle *dinamiche di potere*, che attengono tanto al sistema mediale quanto all'ambito degli attori in gioco. D'altra parte, non potrebbe essere altrimenti visto che la comunicazione, come sostiene convincentemente Manuel Castells [2014], è una relazione di potere. E se lo era quando il sistema mediale era relativamente povero e con pochi attori, lo è ancora di più oggi, nell'era dell'abbondanza comunicativa. Nell'ambito comunicativo, il potere, con le relative dinamiche, può essere sintetizzato nella possibilità di introdurre temi, adottare specifici frame interpretativi, dare spazio ad alcuni attori e silenziarne altri. L'età dell'oro del dibattito pubblico implicitamente o esplicitamente evocata si colloca in una fase di sviluppo mediale relativamente semplice, con la stampa al centro della scena, che attribuiva spazi di visibilità e approfondimento ai vari attori politici. Il confronto e l'argomentazione razionale, se mai hanno governato il dibattito pubblico, definiscono questa fase in cui le dinamiche di potere erano estremamente semplici e coinvolgevano pochi e noti attori: i produttori di informazione, da un lato, i soggetti politici, dall'altro, e i cittadini sullo sfondo [Mancini 2015]. La rappresentazione più chiara di tali dinamiche di potere può essere rintracciata nella classica teoria dell'*agenda setting* [McCombs e Shaw 1972], che vede la costruzione dell'agenda pubblica come una conseguenza dei rapporti di potere tra attori mediali e attori politici. L'irruzione della televisione con la moltiplicazione dell'offerta, la propensione a ibridare i generi e a personalizzare/spettacolarizzare la comunicazione sposta l'ago della bilancia del potere sul versante dei media, dando il via alla rincorsa da parte dei politici per la conquista di spazi di visibilità e notorietà altrimenti difficilmente conquistabili.

La logica dei media diviene la logica con la quale misurarsi e alla quale opporre forme di controllo dal punto di vista della regolamentazione da parte degli attori politici [Hallin e Mancini 2004], impegnati attivamente ad affermare forme visibili di potere. Oggi, la trasformazione dell'ambiente mediale in un sistema ibrido e convergente mette il potere nelle mani di chi «è più abile nel creare, intercettare o creare flussi di informazione che si adattano ai loro obiettivi in modo tale da modificare, abilitare o disabilitare l'agency di altri all'interno e tra ambienti mediali vecchi e nuovi» [Chadwick 2013, 207]. Ciò comporta che le dinamiche di potere si moltiplicano e diventano sempre più instabili, perché i meccanismi di ibridazione «potenziano e depotenziano» i diversi attori con grande velocità [*ibidem*, 208]. Mentre gli elementi di convergenza rovesciano – spesso ideologicamente – le logiche consolidate di filtraggio e visibilità dell'informazione, affidando un *empowerment* ai cittadini-utenti e alla loro possibilità di generare e condividere contenuti, aggregarli e portarli più vicini al centro del dibattito pubblico.

5. *Le tre ere del dibattito pubblico*

Le dimensioni descritte fin qui ci consentono di introdurre le tre ere del dibattito pubblico da noi individuate,

TAB. 1. *Le tre ere del dibattito pubblico*

	Istituzionalizzazione	Spettacolarizzazione	Disintermediazione
Dimensioni:			
Tipi di democrazia	Democrazia dei partiti	Democrazia del pubblico	Democrazia dei pubblici
Contesto mediale	Stampa	Televisione	Web e piattaforme
Ambito attoriale	Partito	Leader	Molecolare
Dinamiche di potere	Centralizzazione	Competizione	Distribuzione

ovvero quella dell'*istituzionalizzazione*, della *spettacolarizzazione* e della *disintermediazione*. Vale la pena sottolineare sin da subito come l'articolazione nelle tre ere sia un artificio metodologico che ci consente di evidenziare gli elementi che caratterizzano ciascuna di esse e di collocarle lungo un'ipotetica direttrice di trasformazione. Le tre ere sono fortemente interconnesse in un continuo gioco di rimandi e inclusione/esclusione, effetto di una complessificazione crescente e di una ibridazione sempre più evidente. D'altro canto, non potrebbe che essere così alla luce delle dimensioni coinvolte e delle profonde interrelazioni che le legano tra loro.

5.1. *L'era della istituzionalizzazione del dibattito pubblico*

L'era dell'*istituzionalizzazione* è, in ordine cronologico, la prima che caratterizza la fase moderna delle democrazie ed è quella che, a nostro avviso, si avvicina di più alla cosiddetta età dell'oro, soprattutto per la relativa semplicità nell'individuazione degli attori e delle dinamiche di potere che si collocano in un contesto praticamente monomediale. Abbiamo deciso di darle questa etichetta alla luce dei suoi attori principali – istituzioni mediali e politiche – e della sua stabilità nelle dinamiche relazionali, soprattutto di natura istituzionale. Temi, dibattiti e confronti tra i diversi partiti, portatori di visioni e proposte diverse, trovavano spazio nella stampa che costituiva l'arena principale nella quale si consumava lo scontro per determinare l'orientamento dell'opinione pubblica in una direzione o nell'altra. A partire dagli anni Cinquanta, inizia ad affacciarsi la televisione, con la sua offerta di notiziari informativi e il suo racconto della politica «paludato» e «ufficiale» sia nei toni sia nella scelta degli attori ai quali dare voce. Dal punto di vista mediale, la situazione era estremamente semplice, centrata sull'intermediazione giornalistica, chiamata a mettere in contatto il mondo della politica e quello dei cittadini. In questa sorta di idilliaca rappresentazione del passato, si dimentica spesso di ricordare che le dinamiche di relazione tra gli attori non erano sempre civili ed educate, perché già allora la politica era anche «intrattenimento», come ci ricorda Schudson [2010] citando i commenti espressi dagli spettatori – «Colpiscilo ancora», «Fagli vedere» – ai dibattiti elettorali tra Lincoln e Douglas, più adatti a incontri di boxe che a confronti politici; e i linguaggi erano caratterizzati da partigianeria e orientati a individuare nell'avversario un nemico – basta ricordare un manifesto elettorale italiano del 1944 in cui compare una madre che protegge i figli attorniata da bandiere comuniste con la scritta «Madre! Salva i tuoi figli dal bolscevismo. Vota Democrazia Cristiana». Non bisogna dimenticare, poi, che in questa era, i partiti politici gestivano in modo centralizzato flussi comunicativi (come la stampa di partito) che rafforzavano e pubblicizzavano la linea assunta sulle diverse questioni all'ordine del giorno e offrivano agli individui opportunità di aggregazione (le Feste dell'Unità, per esempio) ed esibizione della loro identità politica. Oltre che, naturalmente, l'occasione di costituire gruppi omofilici, presenti nelle comunità locali e resi popolari dalle vicende di Peppone e Don Camillo narrate nei romanzi di Giovannino Guareschi e poi trasformate in pellicole cinematografiche di grande successo. Insomma, l'era dell'istituzionalizzazione del dibattito pubblico presenta i suoi lati d'ombra come tutte le altre ere, anche se spesso si tende a ignorarli all'insegna di una memoria dei bei tempi andati. Certo, bisogna riconoscere che essa consentiva una immediata visibilità alle questioni al centro del dibattito pubblico – identificate tramite il riferimento agli attori che lo animavano – e, in tal modo, rendeva più semplice ai cittadini l'orientamento e la valutazione dell'operato della classe politica e di governo. Da questo punto di vista, deve essere riconosciuto il contributo offerto all'inclusione di cittadini nel dibattito pubblico, in un contesto nel quale l'interesse non era molto diffuso ed era per molti versi ostacolato da un linguaggio spesso specialistico e un approccio talvolta teso a mantenere la distanza piuttosto che a ridurla. Gli stessi cittadini, tuttavia, non potevano partecipare a tale dibattito né influirvi se non attraverso il voto, le manifestazioni pubbliche di piazza, gli scioperi e l'eventuale presa di parola sintetizzata e rappresentata dai sondaggi di opinione. Riguardo alle dinamiche di potere, in questa era esse erano sostanzialmente centralizzate, sia per i media sia per gli attori politici. Sul fronte del rapporto tra media e politica, prevalevano le dinamiche di potere illustrate da Stephen Reese [1991] in virtù del diverso grado di influenza esercitato dagli attori in campo. Quando l'interazione era tra attori politici potenti (partiti di governo, per esempio) e media potenti (testate autorevoli), il rapporto che ne derivava era di tipo simbiotico, caratterizzato da una stretta collaborazione tra le parti che garantiva a entrambe benefici diretti o indiretti, mantenendo ciascuna la propria centralità nel dibattito pubblico. Così, la testata nazionale che intervistava il segretario del maggior partito di governo vedeva confermata la propria autorevolezza e centralità nel panorama mediale, mentre il soggetto politico vedeva confermata la propria posizione nel dibattito pubblico. Per converso, quando l'attore politico era marginale a fronte di media dotati di potere, l'esito più frequente era l'emarginazione, come accadde nel caso delle rivolte studentesche negli Stati Uniti. Sul fronte delle relazioni all'interno del sistema mediale, invece, erano all'opera i classici meccanismi dell'intermedia agenda [McCombs e Valenzuela 2004], tali da determinare una sostanziale somiglianza nell'agenda proposta da parte dei tutti i media, a conferma di una sostanziale centralizzazione discorsiva. Insomma, si potrebbe dire che l'era dell'istituzionalizzazione costituisce la forma più elementare del dibattito pubblico, dalla quale si svilupperanno quelle future, ricomprendendo al loro interno alcuni aspetti di quelle precedenti.

5.2. *L'era della spettacolarizzazione del dibattito pubblico*

La seconda era, ovvero quella della *spettacolarizzazione*, sancisce la centralità della televisione all'interno del sistema mediale. Evidentemente, ciò non vuol dire che gli altri media scompaiono. La stampa continua ad avere una presenza e un ruolo ancora significativi ma è la televisione che diviene il mezzo egemonico, imponendo logiche e formati al dibattito pubblico. È, questa, l'era della televisione accesa tutte le sere nelle case degli americani (ma anche degli europei e degli italiani), l'era che consente loro, come sostiene Prior [2007], di dare uno sguardo al mondo e sentirsi parte della stessa comunità. Al di là di questo quadro idilliaco, non vi sono dubbi circa il fatto che il dibattito pubblico fosse ben identificabile e alla portata di tutti: i temi presenti nei programmi di informazione erano quelli sui quali si discuteva mentre si cenava in casa o durante una pausa per il caffè sul luogo di lavoro. Fino al momento dell'esplosione della televisione via cavo, le probabilità di incappare in notizie anche in assenza di un interesse per l'informazione erano ritenute molto elevate e tali da garantire un livello di informazione condivisa, sia pure solo a livello di etichette dei temi [Bentivegna e Boccia Artieri 2019]. La pervasività del mezzo e la facilità di fruizione erano alla base di quella patente di veridicità che allora veniva attribuita alla televisione e che metteva fine a dubbi e perplessità con un perentorio «l'ha detto la televisione». La stessa logica del mezzo, tuttavia, imponeva, e tuttora impone, la personalizzazione dei temi che vengono presentati perché, come sosteneva Lance Bennett già molti anni fa, è difficile raccontare in TV la storia di un tema o un progetto. Molto più facile raccontare la storia di chi vi è coinvolto o di chi quel progetto tenterà di realizzarlo. È così che, progressivamente, l'attore politico o, meglio, il leader del partito è diventato il protagonista della competizione politica e del dibattito pubblico in generale, dando corpo alla democrazia del pubblico. D'altro canto, la crisi dei partiti trasformati in «comitati di dirigenti e funzionari, che controllano i centri di governo e del sistema pubblico [...] si allontanano dalla società e, parallelamente, si leaderizzano» [Diamanti 2014b, 582], ha generato una crisi della politica che ha preparato il terreno per questa mutazione. La tendenza alla leaderizzazione è andata di pari passo con quella alla spettacolarizzazione fino a dare vita a un nuovo genere televisivo come l'infotainment, pietra angolare del fenomeno noto come «politica pop» [Mazzoleni e Sfardini 2009], reso ancora più attraente grazie all'adozione della logica dell'*horce race* [Aalberg, Strömbäck e de Vreese 2012; Cushion e Thomas 2018] che vede i diversi leader impegnati in una gara per conquistare il consenso degli elettori. Sul fronte delle dinamiche di potere, l'era della spettacolarizzazione del dibattito pubblico registra una netta spinta nella direzione di una competizione sia di natura intrasistemica che infrasistemica. Da un lato, gli attori politici, alla ricerca di spazi di visibilità, dall'altro, i media, alla ricerca di acquisizione di quote di pubblico, cavalcano i temi e le questioni di rilevanza pubblica enfatizzando sempre più la chiave della spettacolarizzazione. Il risultato, in termini di dibattito pubblico, è un vociare continuo, lontano mille miglia dall'argomentazione razionale di cui parlava Habermas ma tale, comunque, da essere da tutti facilmente individuato.

5.3. *L'era della disintermediazione del dibattito pubblico*

L'era della *disintermediazione* del dibattito pubblico rappresenta l'ultimo step del processo di complessificazione, ricomprende molti elementi delle ere precedenti e mostra i segni più evidenti della trasformazione avvenuta riguardo a tutte le dimensioni considerate. Essa si accompagna all'affermazione della «democrazia dei pubblici», nella quale molti tratti di quella precedente (democrazia del pubblico) vengono confermati ma se ne aggiungono altri, conseguenti alle simultanee trasformazioni del sistema mediale. Così, in un'era nella quale

> non vi è più un unico pubblico, ma vi sono dei segmenti di pubblico, ciascuno relativamente omogeneo e non comunicante con gli altri segmenti [...] credo che uno dei risultati più rilevanti

degli studi su questo tema sia che i nuovi mezzi di informazione e comunicazione favoriscono una *comunicazione segmentata basata sulla preferenza degli utenti* [Manin 2014, 577, corsivo nel testo].

Ciò comporta non solo la definitiva affermazione della centralità del pubblico ma, addirittura, di numerosi pubblici, che si costituiscono tanto in relazione all'agire comunicativo dei leader politici quanto alla propria agency comunicativa. Sul primo fronte, le conseguenze della comunicazione segmentata basata sulle preferenze degli utenti si rintracciano nella ipertargettizzazione della comunicazione, sempre più usata nelle campagne elettorali per raggiungere precise fasce di elettorato e attivare quell'«effetto bolla» tale per cui solo i temi dei quali si viene a conoscenza sono centrali e rilevanti, mentre tutto il resto viene ignorato. Questa personalizzazione della comunicazione si basa sul riconoscimento che, ormai, i pubblici si costituiscono in virtù della condivisione di condizioni, interessi e consumi mediali diversificati che devono essere tenuti presenti nell'attivazione dei processi comunicativi.

Sul secondo fronte, nell'attuale fase di sviluppo del governo rappresentativo, i pubblici si costituiscono e danno vita a pratiche comunicative che si accompagnano – e talvolta si oppongono – a quelle degli attori tradizionali. In breve, la segmentazione del pubblico evocata da Manin porta con sé due questioni di natura diversa: da un lato, si afferma la necessità di entrare in contatto con una molteplicità di pubblici con caratteristiche, interessi e modalità di consumo mediale differenti le une dalle altre; dall'altro, si presenta l'opportunità – agli stessi pubblici – di sottrarsi alle occasioni comunicative e diventare «pubblici attivi», coinvolti nella produzione di comunicazione da immettere nel circuito convergente e ibrido dei media. Insomma, non vi sono dubbi circa il fatto che «la democrazia del pubblico è stata coinvolta e trasformata anche dal mutamento del sistema della comunicazione» [Diamanti 2014b, 585], anche se, a nostro avviso, ciò non porta alla nascita di quella *bubble democracy* nella quale vi sarebbe «una pluralità di segmenti tendenzialmente privi di radicamento in una sfera comunicativa comune, in una miriade di “bolle” in larga parte autoreferenziali e potenzialmente polarizzate» [Palano 2020, 15]. Dal punto di vista comunicativo, infatti, non si può ignorare che, pure in presenza di un’offerta personalizzata e segmentata, permane un tessuto comune frutto dei fenomeni dell’ibridazione e della convergenza mediale, che contribuiscono a dare vita a un prodotto costruito tanto con codici specifici che con quelli presenti nel più ampio ecosistema mediale. E sono proprio le profonde trasformazioni del sistema mediale che rendono possibile la contemporanea presenza di nicchie informative e offerte generaliste rivolte alle audience numericamente più consistenti, grazie all’integrazione tra mezzi e pratiche comunicative del passato con dispositivi e pratiche comunicative del presente.

L’abbondanza informativa che segna questa era è stata talvolta presentata come intrinsecamente pericolosa per la sopravvivenza del dibattito pubblico in virtù del suo consentire un elevato numero di scelte da parte dell’utente. La possibilità di sottrarsi alla visione del telegiornale della sera e/o alla lettura del quotidiano la mattina è stata interpretata come una minaccia alla tenuta di uno spazio pubblico comune, dimenticando che nell’attuale ecosistema mediale i temi al centro del dibattito possono diventare di nostra conoscenza mediante la lettura del post di un conoscente, del tweet di una testata giornalistica, di una notifica in un gruppo WhatsApp. D’altro canto, basta gettare un veloce sguardo alle news sui motori di ricerca, alle bacheche di Facebook e alle timeline di Twitter per individuare temi comuni e discussioni su di essi. Insomma, la stagione della centralità di un singolo mezzo di informazione appartiene al passato, quando la limitatezza dell’offerta condizionava la nostra possibilità di scelta e ci spingeva verso i media mainstream. Oggi, la dieta informativa degli individui è crossmediale e tale da combinarsi con le più ampie pratiche di consumo e produzione mediale realizzate dagli individui all’interno di un continuo processo trasformativo. Anche i contenuti informativi delle imprese editoriali trovano una propria circolazione online, vengono distribuiti da piattaforme digitali e spesso sono appropriati, personalizzati e condivisi dagli utenti. L’informazione si fa quindi più discontinua e frammentata, entra in competizione e si arricchisce allo stesso tempo della presenza di diverse sollecitazioni informative che assumono ad esempio la forma di *fake news*, satira o memi. Il tutto all'interno di un contesto in cui gli attori istituzionali e gli utenti si confondono e all'insegna di un flusso continuo presidiato da un processo di disintermediazione promosso strategicamente dai diversi attori del dibattito pubblico che di volta in volta costruiscono la scena dell'interazione.

È bene però prendere atto che l'attuale abbondanza informativa non si traduce necessariamente in un ostacolo alla costituzione del dibattito pubblico, soprattutto se si tiene conto che l'ecosistema mediale contemporaneo è per sua natura ibrido e convergente. Esso, inoltre, non solo consente un elevato potere di scelta ai pubblici ma, contemporaneamente, abilita numerosi soggetti all'agency comunicativa, alterando le tradizionali e statiche dinamiche di potere proprie del passato. Non a caso, si ritiene che «l'innovazione tecnologica può portare a uno slittamento nelle dinamiche di potere tra differenti tipi di organizzazione e differenti attori» [Jungherr, Rivero e Gayo-Avello 2020, 33]. Non sfuggirà al lettore, infatti, che la moltiplicazione delle opportunità di costruire flussi di informazione altera significativamente gli equilibri all'interno dell'ambito attoriale: a fronte di una concentrazione delle tradizionali élite mediali e politiche del passato, vi è un incredibile affollamento del presente. Non a caso, per indicare l'ambito degli attori in gioco abbiamo scelto di parlare di dimensione molecolare, perché ci pare che questa terza era sia quella che ha portato a rendere visibile, diffusa e tecnicamente praticata – cioè sempre più quotidianizzata come campo di tensioni comunicative – quella microfisica del potere che Foucault [1977] intendeva come un «campo relazionale», fatto di tensioni che non vedono mai al centro un soggetto specifico ma una proliferazione discorsiva che si stratifica via via in un modo piuttosto che in un altro. Mentre la macropolitica ha una natura «molare», costituita di segmenti specifici come le classi, i partiti ecc., la micropolitica è di tipo «molecolare», fatta di flussi che smontano e rimontano diversamente gli spazi e i discorsi «molari». È all'interno quindi di questa realtà molecolare che troviamo i vecchi attori unitamente a quelli nuovi, quelli organizzati e quelli che si muovono individualmente, quelli che si aggregano momentaneamente per poi disperdersi e quelli che si aggregano sull'onda di un'esigenza espressiva di riconoscimento pubblico. Per quanto possa apparire caotico, il nuovo assetto produce una forte spinta alla diversificazione delle dinamiche di potere, con tensioni continue tra gli attori e con esiti sempre più imprevedibili e instabili, prodotti da forme indirette di potere e contropotere che sono distribuite nel corpo sociale e pronte a emergere. A dire il vero, non potrebbe che essere così, se solo si tiene conto che tale fluidificazione deriva dall'elevato numero di attori che affollano la scena, dotati di un potere che può essere tanto stabile quanto episodico [Jungherr, Posegga e An 2019] ma che, in ogni caso, altera i precedenti assetti e introduce forti elementi di instabilità. Al di là dei casi specifici, è chiaro che in un ambiente disintermediato e ad alta fluidità – sia sul fronte delle fonti che degli attori – anche le dinamiche di potere non possono che adattarsi all'ambiente. Ciò non vuol dire, però, che esse siano scomparse o che siano meno rilevanti. A dire il vero, le dinamiche di potere continuano a influenzare le coordinate del framework entro il quale nuovi e vecchi attori si muovono e all'interno del quale si realizza la ricomposizione di un dibattito pubblico apparentemente sfilacciato ma in realtà ancora fondato su una struttura discorsiva spesso poco visibile e diversa dal passato eppure comunque presente. È certo vero, però, che tale struttura viene spesso messa in discussione al punto da essere ritenuta scomparsa. Come si può immaginare, numerosi sono gli ambiti che vengono chiamati in gioco per descrivere le tensioni all'opera nell'era della disintermediazione: la frammentazione dei flussi informativi, la competitività discorsiva generata da un ambiente come quello governato dalle piattaforme, l'amplificazione delle conoscenze messe a disposizione dalla diffusione della rete a cui si accompagna un'amplificazione delle opinioni e delle false convinzioni, l'archiviazione dell'era della competenza [Nichols 2017] e della credibilità [Gili e Panarari 2020], l'irruzione dell'emotività nel discorso pubblico [Davies 2019], la rincorsa dell'opinione pubblica che si trasforma in «emozione pubblica, tanto è diventata volatile e volubile» [Di Gregorio 2019, 12]. Sono tutti elementi che, certamente, si rintracciano nella struttura discorsiva disintermediata dell'attuale dibattito pubblico ma che, secondo noi, non sono sufficienti a costruire il canovaccio che racconta la fine del dibattito pubblico. Sono sufficienti, invece, a stimolare una riflessione finalizzata a cogliere gli elementi innovativi e quelli appartenenti al passato.

Con tale obiettivo, nelle pagine seguenti, verranno presi in considerazione alcuni fenomeni riconducibili agli ambiti descritti che, nell'interpretazione corrente, soprattutto quella giornalistica, rappresentano i nemici più pericolosi per la sopravvivenza del dibattito pubblico, vale a dire l'aumento della circolazione dell'inciviltà e aggressività nel discorso politico, la diffusione di forme di manipolazione e distorsione dell'informazione e, infine, l'accentuazione del fenomeno della polarizzazione soprattutto nella sua espressione di formazione di camere dell'eco e bolle informative. I fenomeni citati hanno certamente una loro rilevanza nella costruzione del dibattito pubblico ma altrettanto certamente non hanno il potere di distruggerlo. Dal nostro punto di vista, si tratta di sintomi della trasformazione del dibattito pubblico e non di cause che ne determinano il deterioramento. Su questo aspetto torneremo più dettagliatamente nell'epilogo del nostro lavoro, con l'intento di modellizzare quanto cercheremo di dimostrare nelle prossime pagine. In realtà, l'inciviltà, il disordine informativo e la polarizzazione che tratteremo nei prossimi capitoli rappresentano un'ottima chiave di lettura per individuare il complesso sistema di relazioni che lega la costruzione del discorso politico alle caratteristiche comunicative del presente, consentendo di smentire, ad esempio, le facili e superficiali letture che circolano circa il potere distruttivo attribuito ai social media. Perché, è bene sottolinearlo un'ultima volta, nell'era della disintermediazione del dibattito pubblico è necessario procedere a un'interpretazione che abbandoni qualsiasi nostalgia per il passato e abbracci la complessità del presente, proiettandosi nel futuro.

NOTE AL CAPITOLO PRIMO

[1] George Gallup è noto per aver dato sistematicità e organizzazione ai sondaggi d'opinione negli Stati Uniti, tanto da aver fondato la Gallup Organization, una delle prime società dedite alle attività demoscopiche.

[2] Standard Eurobarometer, 74 e 91, Public Opinion in the EU, autunno 2010, primavera 2019.

CAPITOLO SECONDO

IL LINGUAGGIO DELL'OSTILITÀ: QUANDO LA POLITICA DIVENTA INCIVILE

1. *Breve storia dell'irruzione dell'inciviltà nel discorso politico*

Agli inizi del 2016 due giornalisti del «New York Times», Jasmine Lee e Kevin Quealy, pubblicarono un articolo dall'eloquente titolo *Le 199 persone, luoghi e cose insultate da Donald Trump su Twitter: una lista completa* [Lee e Quealy 2016]. Dopo circa un anno, la lista aveva raggiunto i 382 casi e l'ultimo aggiornamento del maggio 2019 ha fatto registrare un balzo in avanti a 598 casi. L'aggiornamento pubblicato il 19 gennaio 2021, relativo al periodo 2015-21, non riporta il numero totale dei casi ma presenta una lista, organizzata in ordine alfabetico, nella quale appaiono le principali testate informative, esponenti del Partito repubblicano e democratico, esponenti politici locali e governatori, giudici, soggetti politici di altri paesi, personaggi del mondo dello spettacolo e dello sport. Insomma, vi si trova letteralmente di tutto, tanto da rendere davvero complicato il compito di individuare la categoria, semmai ci fosse, che non è mai stata insultata da Donald Trump. Per dare un'idea della varietà e dello stile di Trump, la lettura di alcune citazioni può essere utile. Accanto alla sequela di epiteti e accuse rivolti al mondo dei media considerati «fake», «completamente faziosi», «davvero disonesti», si trovano attacchi indirizzati ad altri esponenti politici – accusati di essere corrotti («Hillary la corrotta») o inadatti a ricoprire alcune cariche come Ben Carson («incapace di capire la politica estera»), Ruth Bader Ginsburg («Ha il cervello in rovina»), Richard Cordray («Clone di Pocahontas»), Dianne Feinstein («Dianne Feinstein la subdola») –, a esponenti del mondo dello spettacolo come Alec Baldwin («una carriera mediocre e agonizzante»), e dello sport come Colin Kaepernick («SEI FUORI»).

La lettura nella loro interezza di alcuni tweet, forma di comunicazione diretta e sintetica che Donald Trump utilizza molto spesso per attaccare avversari ed esternare malumori, aiuta a capire ancora meglio lo stile e il linguaggio con cui abbiamo a che fare, nonché la varietà delle forme di inciviltà presenti. Partendo dal tweet che utilizza il *body shaming* per rivolgersi al capo politico di un altro paese: «Perché mai Kim Jong-un deve insultarmi dandomi del "vecchio" quando io non lo definirei MAI "basso e grasso"? Be', io ci provo davvero a essere suo amico e magari un giorno succederà» (11 novembre 2017); passando per l'accusa di possedere un quoziente di intelligenza basso – insulto molto frequente nel suo repertorio – rivolta a Joe Biden allora candidato alla carica di presidente degli Stati Uniti per il Partito democratico: «Nel fine settimana Joe Biden si è incartato e non è stato in grado di pronunciare correttamente una frase molto semplice sulla sua decisione di candidarsi alla presidenza. Abituatevi, un altro individuo con un quoziente intellettivo basso!» (18 marzo 2019); finendo con un commento al vetriolo sull'aspetto e la situazione familiare di una giornalista: «.@ariannahuff è poco attraente sia dentro che fuori. Capisco benissimo perché il suo ex marito l'ha lasciata per un uomo: ha preso una buona decisione» (28 agosto 2012). Tutti casi in cui si evidenzia come Donald Trump utilizzi il discorso incivile quale strategia di potere finalizzata al *self branding* [Ott 2017]. Questa operazione passa attraverso la costruzione di uno spettacolo politico che lo vede al centro della scena disintermediata, a partire da Twitter per poi rimbalzare sugli altri spazi digitali e informativi presenti [Bratslavsky, Carpenter e Zompetti 2020; Ott e Dickinson 2019]. Appare evidente, infatti, che messaggi di questa natura non possono che essere notati dai giornalisti, ripresi, commentati e rilanciati nei media, entrando a forza nel dibattito pubblico. Non a caso, proprio un giornalista, Claudio Cerasa direttore del «Foglio», commentando l'esito del voto del novembre 2020 negli USA, ha dichiarato che «il virus del trumpismo [oltre a tante altre cose] è stato quello di aver intossicato il dibattito pubblico [...] di aver allegramente contaminato i pozzi del dibattito pubblico mettendo in circolo un veleno con cui le democrazie liberali dovranno fare i conti chissà quanto a lungo» [Cerasa 2020]. Si tratta di un veleno decisamente potente che ha messo in pericolo le stesse istituzioni democratiche, prese di mira e assaltate letteralmente dai sostenitori di Trump al grido di «Stop the steal» («Fermate la truffa») in un disperato e violento tentativo di bloccare il pronunciamento ufficiale del Congresso sulla vittoria elettorale di Biden. Torneremo più avanti su questa vicenda che non solo ha ferito profondamente la democrazia americana ma ha anche mostrato in modo paradigmatico i rischi connessi all'uso di un linguaggio incivile da parte di un soggetto politico.

Per sgomberare il campo da qualsiasi dubbio, diciamo subito che il ricorso all'inciviltà nella comunicazione politica non è certo appannaggio di Trump o, più in generale, della politica americana. Certo, l'avvelenamento dei pozzi di cui parla Cerasa è riuscito particolarmente bene a Trump, grazie a una indiscutibile sintonia tra le caratteristiche della piattaforma da lui eletta a mezzo di comunicazione per eccellenza (soprattutto quelle della sinteticità e brevità) e il suo linguaggio, definito volgare e violento, impreciso e confuso, composto da brevi frasi e numerosi errori sintattici [Viennot 2019]. Tuttavia, il linguaggio incivile e volgare si trova anche altrove. Sulla falsariga della lista degli insulti di Trump apparsa sul «New York Times», Simone Fontana [2019] della testata «Wired Italia» ha approntato un'analoga lista costruita sui tweet pubblicati da Matteo Salvini nel corso del suo primo anno nella sua veste di ministro dell'Interno. Pur senza essere altrettanto prolifico (i tweet si attestano intorno al centinaio), anche Salvini dà sfoggio di un linguaggio aggressivo e talvolta incivile. Tra i suoi bersagli troviamo politici, giornalisti, professori universitari, associazioni, personaggi dello spettacolo, cittadini e immigrati. L'Associazione nazionale partigiani italiani (ANPI), per esempio, viene omaggiata con un inequivoco «Fate schifo»; Jean Asselborn (un politico del Lussemburgo) viene citato per chiedersi se «non hanno nessuno di più normale che faccia il ministro»; i frequentatori dei centri sociali vengono etichettati come «delinquenti», «maleducati e un po' brutti», «poveretti», «vergogna, fate schifo»; il giornalista Furio Colombo è indicato come qualcuno di cui vergognarsi («il noto intellettuale della sinistra al caviale, mi fa schifo e mi vergogno di lui»); i richiedenti asilo vengono presentati come coloro che «ci portavano la guerra in casa» e che «violentano, rubano e spacciano»; il politico Guy Verhofstadt viene etichettato come «burocrate europeo, complice del disastro di questi anni, vergognoso».

È chiaro che vi sono pochi dubbi sull'inciviltà e l'aggressività presenti tanto nei tweet di Trump quanto in quelli di Salvini. Tracce di comportamenti simili in contesti così diversi dal punto di vista politico-elettorale sono per noi un indicatore di come il linguaggio dell'inciviltà si sia ormai stabilmente affermato e come abbia pervaso ambiti diversi della vita pubblica delle società contemporanee al di là delle caratteristiche sociali e culturali dei singoli paesi. Una conferma in tal senso ci viene fornita dai risultati di ricerche condotte sull'inciviltà politica in altri paesi come l'Italia [Rega e Marchetti 2019], l'Ungheria [Boromisza-Habashi 2013] e Israele [Kampf 2015].

Se la trasversalità geografica della presenza dei discorsi incivili e aggressivi stabilisce una prima coordinata utile alla costruzione di un framework interpretativo disancorato da uno specifico contesto, l'attenzione per la dimensione temporale del fenomeno consente l'assunzione di una prospettiva dinamica, non appiattita sul presente. Infatti, al contrario di quanto spesso si sente dire circa la recente irruzione del fenomeno dell'inciviltà, aggressività e addirittura dell'odio nel discorso politico, esso annovera interessanti trascorsi e affonda le sue radici nel contesto politico in senso lato. Così, la copertina del volume *Rude Democracy: Civility and Incivility in American Politics* di Susan Herbst [2010] mostra l'immagine dell'attacco sferrato nel 1856 dal deputato Preston Brooks al senatore Charles Sumner all'interno del senato a dimostrazione che l'aggressività, addirittura fisica in questo caso, affonda le sue radici nel passato. Nel contesto italiano[1], non si possono non citare i casi dei leghisti che sventolarono il cappio sui banchi di Montecitorio nel corso di un dibattito sulla corruzione nel lontano 1993 e gli esponenti del Movimento 5 Stelle che inaugurarono la XVII legislatura portando in aula l'apriscatole, strumento evocato nel corso della campagna elettorale da Beppe Grillo come necessario per «aprire come una scatoletta di tonno il Parlamento». Questo salto indietro nel tempo testimonia la longevità di un problema al quale ancora non è stata data risposta e che ha avuto modo di svilupparsi e assumere tratti diversi negli anni più recenti. Tra questi, vi è certamente il tema dell'inciviltà online presentato, talvolta, come l'indicatore più chiaro del degrado del dibattito pubblico contemporaneo, ipotizzando tra social media e inciviltà una discutibile correlazione nella quale i primi sono i responsabili della seconda.

1.1. *La messa in onda dell'inciviltà*

Ma prima di arrivare a descrivere l'inciviltà oggi, nonché le caratteristiche del contesto mediale nel quale si collocano le sue innumerevoli espressioni, vale la pena prestare attenzione al ruolo giocato dalla televisione nella diffusione del fenomeno. Nel fare ciò è inevitabile ricordare il famoso testo di Neil Postman *Amusing Ourselves to Death*, pubblicato nel 1985, che ci metteva in guardia sulla natura dei prodotti offerti dalla televisione – definiti *junk television* – e sulle inevitabili conseguenze negative esercitate sul discorso pubblico. La sua preoccupazione era legata non tanto all'offerta della TV spazzatura che, come dichiarava lui stesso, «era la cosa migliore della televisione e nessuno poteva essere seriamente preoccupato per essa» [Postman 1985, 19], quanto alla possibilità che la televisione andasse oltre quel tipo di offerta e si presentasse come «un'importante occasione di conversazioni culturali» [*ibidem*]. Una pretesa di difficile realizzazione in presenza di aspettative del pubblico ormai decisamente collocate sul versante dell'intrattenimento e coltivate quotidianamente dallo stesso mezzo televisivo.

La moltiplicazione dell'offerta televisiva conseguente allo sviluppo tecnologico complica ulteriormente la situazione. Infatti, allorché la competizione tra le emittenti televisive diventa sempre più forte e si afferma una modalità di offerta *narrowcasting*, lo spettacolo della contrapposizione politica, dello scontro e dell'aggressività verbale diventa un mezzo per richiamare l'attenzione dei telespettatori. Insomma, la *junk television*, intesa in senso lato, conquista sempre maggiore spazio. Secondo Diana Mutz [2015], l'inciviltà politica trasmessa dalla televisione fa aumentare l'eccitazione e inchioda l'attenzione dei telespettatori. La componente drammatica della contrapposizione tra gli attori politici diviene un'occasione di intrattenimento, arricchita dalla componente di intimità che si stabilisce tra gli attori presenti sullo schermo e i telespettatori [Mutz e Reeves 2005].

Sulla stessa lunghezza d'onda, ovvero quella che considera l'inciviltà come una conseguenza dell'affermarsi degli imperativi dell'intrattenimento nel contesto politico, si collocano gli studi che analizzano il fenomeno dell'*outrage*, inteso come estremizzazione dell'inciviltà nel contesto televisivo. Si tratta di due fenomeni decisamente prossimi, tant'è che si sostiene che «l'oltraggio è inciviltà scritto in grande» [Sobieraj e Berry 2011, 20], esso viene definito come

> una particolare forma di discorso politico che ha come obiettivo quello di attivare riposte viscerali (rabbia, giustizia, paura, indignazione morale) da parte dell'audience attraverso l'uso di generalizzazioni, sensazionalismo, informazioni distorte o chiaramente inaccurate, attacchi *ad personam*, verità parziali sugli avversari che possono essere individui, organizzazioni, intere comunità di interesse (progressisti o conservatori) o circostanze (es. gli immigrati) [*ibidem*].

Il ricorso a questa forma di discorso politico si afferma come conseguenza della competizione sfrenata tra emittenti, impegnate a catturare quote di pubblico sull'onda di un'offerta che non disdegna più l'offesa di una parte del pubblico ma che, addirittura, si nutre del consenso che tale offesa produce in una parte dei telespettatori. Insomma, per dirla con Todd Gitlin [1986], se un tempo l'obiettivo dei grandi network generalisti era quello di evitare di offendere parti di pubblico per contenere eventuali defezioni dei telespettatori, oggi, con audience di minori dimensioni ma fortemente polarizzate, l'eventualità dell'offesa non è più un problema e, addirittura, può trasformarsi in un *asset* che consolida il controllo di quote nel mercato dell'attenzione [Webster 2014]. Per molti versi, all'interno di alcuni programmi televisivi, il dissenso politico viene sfruttato per la costruzione dello spettacolo e «gli ospiti che vediamo e ascoltiamo vengono spesso scelti intenzionalmente per le posizioni divergenti e fortemente polarizzate che rappresentano» [Mutz 2015, 2].

Le ricerche empiriche condotte sull'argomento ci offrono interessanti elementi di riflessione. Per esempio, una ricerca condotta sui talk show televisivi e radiofonici, sulle colonne di commento dei quotidiani e su alcuni blog politici fa emergere molto chiaramente come il mezzo televisivo ospiti più frequentemente episodi riconducibili alla categoria dell'oltraggio, a conferma di come l'indignazione e l'aggressività discorsiva siano ingredienti utilizzati per catturare l'attenzione dei telespettatori [Sobieraj e Berry 2011]. D'altro canto, questo risultato non può certo stupire noi telespettatori italiani che da anni siamo alle prese con talk show che ospitano personaggi che utilizzano un linguaggio volgare e offensivo nei confronti degli altri (si pensi alle recenti esibizioni di Mauro Corona nel talk show di attualità politica *Cartabianca* in onda sulla terza rete), per non richiamare la rissa in diretta tra Vittorio Sgarbi e Roberto D'Agostino durante una puntata del 1991 dell'*Istruttoria* condotta da Giuliano Ferrara, finita tra lanci di bicchieri d'acqua e ceffoni.

Insomma, la tossicità con il conseguente inquinamento del dibattito pubblico ad opera dell'inciviltà non è certo fenomeno nuovo, apparso con i media digitali e le piattaforme online. Come abbiamo visto, infatti, una componente discorsiva di natura aggressiva, volgare e incivile si rintraccia in tempi e contesti diversi. Certo è che, oggi, essa è più evidente, diffusa trasversalmente in ambienti mediali che si rimandano l'un l'altro, conseguenza di un'agency comunicativa che si è moltiplicata così come si sono moltiplicate le funzioni a essa attribuite e le occasioni di rilancio dei messaggi. Piuttosto che continuare a lanciare grida di allarme e a rimpiangere tempi mai esistiti, riteniamo sia preferibile riflettere su quest'ultimo aspetto, vale a dire sulle manifestazioni, sulle funzioni attribuite all'inciviltà da parte dei diversi attori e sugli effetti complessivi esercitati sul rapporto tra cittadini e politica. Perché se è vero che l'inciviltà nel dibattito pubblico è sempre esistita è altrettanto vero che oggi essa ha attori e spettatori che si sovrappongono, nei fatti, con l'audience del più ampio ecosistema mediale.

2. *Un concetto in cerca di definizione*

La gran parte degli articoli e dei volumi dedicati allo studio dell'inciviltà nel discorso politico prende le mosse dal riconoscimento che essa è un «concetto scivoloso» [Chen 2017], che i tentativi di definirla sono stati spesso oggetti di derisione [Massaro e Stryker 2012], che il suo significato cambia da un periodo all'altro e a seconda dei diversi approcci teorici adottati [Jamieson *et al.* 2017] e che, in estrema sintesi, «è un concetto challenging da definire» [Rossini 2019a, 142]. La difficoltà a definire il concetto viene poi, di volta in volta, illustrata in modo diverso a conferma della grande confusione che regna sotto il cielo.

Per dare un'idea della vivacità della discussione, si può partire ricordando quanto dichiarò un giudice americano nel 1964 riguardo alla riconoscibilità della pornografia: «La riconosco quando la vedo». Con questo rimando alla dimensione esperienziale dell'osservatore, il giudice Potter Stewart apriva la strada alla centralità della soggettività nell'interpretazione di taluni fenomeni tra i quali figura anche l'inciviltà. Non a caso, questa formula semplice ed estremamente banale continua a essere presa a riferimento in presenza di fenomeni complessi e problematici quali quelli di inciviltà politica e *hate speech* oggi [Bentivegna e Rega 2020], come la pornografia a suo tempo. Molto brillantemente, Sandy Maisel, dopo aver citato tale posizione, la reinterpreta con la metafora dell'anatra: «se nuota come un'anatra, ondeggia come un'anatra, starnazza come un'anatra, allora è probabilmente un'anatra» [Maisel 2012, 406]. Così, alcuni atti non sono certamente civili, mentre altri, sebbene discutibili, lo sono di sicuro, pur nella loro condizione di incertezza definitoria. D'altro canto, di fronte a questa confusione vi è anche chi ha sostenuto che, «per pervenire a una definizione comprensibilmente ordinata e ragionevole tratta dalla letteratura di riferimento per comprendere come l'inciviltà è intesa oggi, ci vorrebbe una laurea specialistica in alchimia e non in scienza della politica» [Sapiro 1999, citato in Herbst 2010, 12]. In ultimo, per completare questo quadro, non si può non ricordare la stessa Herbst che afferma che l'inciviltà è nell'occhio di chi guarda, sostenendo implicitamente l'impossibilità a definirla.

2.1. *L'inciviltà come cattiva educazione: una prospettiva essenzialista*

Nonostante l'incertezza e la vaghezza definitoria che spesso vengono denunciate, è possibile mettere ordine in questo caotico campo e trarne alcune coordinate generali. Fra queste, vi è l'inciviltà intesa come mancanza di rispetto che si esprime, innanzitutto, nei confronti dell'individuo o, meglio, nella negazione del suo desiderio di mantenere la propria immagine [Sydnor 2019]. L'inciviltà viene vista anche come una forma di controllo sull'altro, un tentativo di «diminuire il valore della persona attaccata e, forse, aumentare il proprio mostrandosi dominante come un lupo che esibisce i suoi denti mentre ulula» [Chen 2017, 7]. Già da questa prima declinazione di inciviltà si intuisce la difficoltà a individuare il labile confine che la distingue dalla maleducazione, un fenomeno certamente sgradevole ma che nulla ha a che fare con un soddisfacente funzionamento della democrazia. Un'analoga prossimità viene segnalata dalla Mutz con la sua definizione di inciviltà intesa come «una comunicazione che viola le norme di educazione all'interno di una determinata cultura» [Mutz 2015, 6]. Infine, essa viene ricondotta «alla scortesia o alla maleducazione che violano alcuni standard condivisi di comportamento della società» [Maisel 2012, 406]. Insomma, l'approccio descritto fin qui si definisce, pur con evidenti sfumature, in relazione a una nozione di civiltà «che caratterizza un discorso che non zittisce o emargina punti di vista alternativi ma che, invece, mostra rispetto» [Jamieson *et al.* 2017, 206]. In termini generali, il concetto di inciviltà così definito è riconducibile a una *prospettiva essenzialista*, ovvero che si ispira a una dinamica discorsiva e relazionale.

2.2. *L'inciviltà come deliberazione: una prospettiva costruttivista*

Un confronto o un dibattito possono essere particolarmente accesi e conflittuali senza per questo essere incivili. Se il confronto è tra opinioni diverse, espresse e difese anche in termini accesi, non si scivola in una situazione definibile incivile [Mutz 2015], al contrario: una «democrazia sana presuppone e richiede animati confronti tra differenti punti di vista» [Massaro e Stryker 2012, 407], come sosteneva, peraltro, anche Schudson allorché proponeva una rappresentazione della democrazia animata da interlocutori che «non aspettano educatamente che tu finisca di parlare ma che ti prendono per la collottola gridando "Ascolta! Ascolta per amore di Dio"» [Schudson 2010, 308]. Si scivola nell'inciviltà, invece, quando non si «rispettano le tradizioni collettive della democrazia [...] e si mettono in atto comportamenti che minacciano la democrazia, negano alle persone la loro personale libertà e stereotipizzano gruppi sociali» [Papacharissi 2004, 267]. Oppure, quando la discussione si caratterizza per la presenza di «un inutile tono irrispettoso nei confronti del forum di discussione, dei suoi partecipanti e dei suoi argomenti» [Coe, Kenski e Rains 2014, 660]. In questa interpretazione dell'inciviltà, la buona educazione e il rispetto del singolo lasciano spazio al riferimento alla civiltà intesa in senso collettivo nonché alle eventuali conseguenze che la sua negazione può avere per la democrazia. Non a caso, questo approccio viene ricondotto alla macrocategoria della deliberazione, mentre quello precedente viene ricondotto alla buona educazione. Questa articolazione del concetto di inciviltà consente di tenere insieme tanto l'attenzione per il singolo e per la collettività, quanto quella per la dimensione argomentativa e per l'emotiva all'interno di una prospettiva che potrebbe essere definita costruttivista.

Un'ulteriore specificazione al riguardo viene offerta da Patricia Rossini [2019a] che introduce una differenziazione tra inciviltà e intolleranza. A suo avviso, «una vera minaccia per la democrazia si ha con il discorso intollerante, nel quale gruppi di persone o individui sono attaccati in modo da minacciare il pluralismo democratico» [*ibidem*, 142]. E, quindi, potremmo aggiungere, in modo da rendere difficile se non impossibile il confronto tra posizioni diverse. Nel caso di un discorso incivile, invece, «nel quale gli individui esprimono le loro posizioni con un linguaggio osceno e con una particolare intensità, esso dovrebbe essere inteso come un atto retorico» [*ibidem*]. E, quindi, in questo caso, potremmo aggiungere, complica l'interazione discorsiva ma non minaccia il pluralismo democratico. A dire il vero, anche in questa articolazione si ritrovano i riferimenti alle dimensioni privata e pubblica, pur se definiti in modo diverso.

2.3. *L'inciviltà come retorica discorsiva: una prospettiva funzionalista*

Infine, va segnalato il contributo di Ashley Muddiman [2017; 2019] che distingue tra un'inciviltà a livello personale e un'inciviltà a livello pubblico: la prima si colloca nel contesto della buona educazione, la seconda in quello della deliberazione. La verifica empirica di tale articolazione fa emergere come «entrambi i tipi di violazione delle norme siano percepiti come significativamente incivili sebbene l'inciviltà a livello personale sia considerata più incivile di quella a livello pubblico» [Muddiman 2017, 3192]. Ciò fa sì che sia necessario considerare entrambe le dimensioni per la concettualizzazione dell'inciviltà. Oltre a fornire indicazioni sull'integrazione delle due dimensioni, la studiosa richiama l'attenzione sulla necessità di valutare la funzione esercitata dall'inciviltà nell'ambito delle retoriche discorsive degli attori politici. I cittadini, infatti, hanno reazioni diverse di fronte alle manifestazioni di inciviltà: le giudicano meno gravemente se ad avere esibito un comportamento incivile è stato un esponente del partito al quale aderiscono, più gravemente se, invece, a essere incivile è stato un esponente di un altro partito. Analogamente, i soggetti mitigano il loro giudizio negativo se la manifestazione di inciviltà rimanda a un punto di vista da loro condiviso [Muddiman e Stroud 2017]. Tale diversità di valutazione colloca sullo sfondo la questione della definizione di inciviltà e pone in primo piano quella della sua funzione all'interno della retorica discorsiva degli attori politici. In breve, richiama l'attenzione sul fatto che «gli attori politici utilizzano la civiltà e l'inciviltà in modo strategico» [Muddiman 2019, 40], esibendosi in comportamenti che ritengono possano mobilitare e attivare i propri sostenitori. Così, «sebbene tutti siano d'accordo nel ritenere che definire Nazista un politico sia incivile, se a farlo è un esponente del nostro partito è più probabile che ci si passi sopra rispetto a quanto si farebbe per un esponente di un altro partito» [*ibidem*, 41].

2.4. *Oltre le definizioni: l'inciviltà come agire performativo*

Questa interpretazione dell'inciviltà si colloca sulla scia di quella elaborata dalla Herbst, che considera «una distrazione i dibattiti intorno alla sua definizione, il suo incremento e il suo ridimensionamento. Ciò a cui si dovrebbe prestare attenzione, invece, sono gli *usi strategici* della civiltà e dell'inciviltà» [Herbst 2010, 3-4, corsivo nel testo]. È, infatti, preferibile abbandonare una posizione statica, quale quella che individua l'insieme di norme e pratiche che vengono violate, per adottarne una che considera l'inciviltà come un'«arma strategica». Questo punto di vista consente l'adozione di un approccio performativo, in grado di cogliere le numerose espressioni e attività rese possibili oggi dal web grazie all'azione di tutti i soggetti potenzialmente coinvolti: politici e cittadini, giornalisti e attivisti. Se si considera l'inciviltà politica come un'arma strategica, i suoi effetti sulla democrazia non possono essere ridotti alla «superficiale constatazione del suo potere distruttivo del dibattito pubblico» [*ibidem*, 9]. Una constatazione, ancora, che risulta «banale e poco sofisticata, che ignora la realtà della politica, la cultura comunicativa e l'ambiente sociale del ventunesimo secolo» [*ibidem*] e che non tiene conto degli effetti complessivi esercitati sulla politica, tanto sul fronte del «fare politica» che su quello del «seguire la politica».

Posta in questi termini, la questione dell'inciviltà politica diventa un fenomeno molto più significativo di quanto non sia quello che la confina esclusivamente nell'ambito discorsivo e relazionale. D'altra parte, basta riflettere sulle forme dell'inciviltà politica nelle quali possiamo imbatterci quotidianamente – dall'insulto alle grida, dalla distruzione della reputazione alla presa in giro, dalla disinformazione alla stigmatizzazione di gruppi sociali in base al sesso, alla razza, alla religione o all'ideologia politica – per cogliere la rilevanza del fenomeno che coinvolge tanto i politici quanto i cittadini, tanto il ruolo dell'informazione quanto lo spazio attuale della deliberazione. Appare chiaro come le conseguenze distruttive esercitate sul dibattito pubblico costituiscano solo un aspetto della riconfigurazione complessiva della politica che si realizza a seguito della diffusione di linguaggi e comportamenti incivili. Non a caso, numerose ricerche empiriche hanno assunto come oggetto di indagine la perdita di fiducia dei cittadini nelle istituzioni rappresentative e di governo, una crescente disaffezione per la democrazia, un diffuso disinteresse per la politica. Senza dimenticare, comunque, un incremento generalizzato dell'inciviltà da parte degli stessi cittadini, a conferma così del fatto che «quando l'élite è incivile nel discorso politico, il pubblico segue l'esempio» [Gervais 2017, 384]. Tutto ciò accade mentre gli attori politici continuano a utilizzare l'inciviltà come arma strategica per conseguire gli obiettivi più diversi, innovando il repertorio delle armi incivili e, contemporaneamente, i processi di costruzione della leadership, le campagne elettorali, gli appelli alla mobilitazione della propria base, le modalità di conquista e difesa degli spazi di visibilità pubblica sia personale sia di partito sia delle proprie issue.

3. *Le mille sfumature dell'inciviltà politica*

Nonostante la «sfocatura concettuale» [Rossini 2020] che caratterizza l'inciviltà politica, si registrano numerose definizioni operative del concetto, proposte e utilizzate nell'intento di descrivere empiricamente il fenomeno. Prima di procedere alla loro disamina, vale la pena ribadire ancora una volta che si è di fronte a un concetto «sfaccettato» [Stryker, Conway, Danielson 2016], che fa riferimento a norme flessibili e che dipende dal contesto assunto a riferimento [Herbst 2010]. Ciò vuol dire che anche la sua traduzione in termini empirici non è affatto semplice.

La consistente quantità di ricerche empiriche sull'argomento presenti in letteratura può, tuttavia, sia pure con alcune inevitabili forzature e semplificazioni, essere ricondotta a due dimensioni: la maleducazione, da un lato, e la minaccia alle norme democratiche, dall'altro. In realtà, come vedremo tra poco, non è affatto semplice separare le due dimensioni e, soprattutto, valutare il danno prodotto sul fronte del discorso pubblico e della dimensione politica in generale. Perché se è certo vero che si può essere maleducati senza per questo minacciare le norme democratiche, così come si possono minacciare queste ultime senza essere maleducati, è altrettanto vero che l'effetto «complessivo» prodotto si misura in termini di impoverimento del confronto pubblico, del riconoscimento dell'altro, del ruolo della componente argomentativa e della ricomposizione dialettica delle diverse posizioni.

3.1. *L'inciviltà politica negli approcci di ricerca*

La ricerca empirica ha, comunque, prodotto interessanti risultati utili a descrivere il fenomeno dell'inciviltà politica nella società contemporanea mediante diverse chiavi di lettura. Innanzitutto, gli approcci si differenziano in relazione al protagonista dell'atto di inciviltà, che può essere tanto un soggetto appartenente all'élite politica quanto un cittadino comune. Sul primo fronte si collocano tutte le ricerche che hanno studiato l'inciviltà dei parlamentari nel corso dei loro interventi al Congresso [Jamieson 2011], dei candidati impegnati in campagna elettorale e dei presidenti eletti [Ott 2017; Kenski, Filer e Conway-Silva 2018; Kreiss, Lawrence e McGregor 2020; Coe e Park-Ozee 2020]. Sul secondo fronte, invece, quelle che hanno studiato l'inciviltà da parte degli utenti soprattutto online, ovvero coinvolti in gruppi di discussione e in commenti alle news [Papacharissi 2004; Chen 2017; Muddiman e Stroud 2017]. Accanto a questi approcci si colloca quello, più recente e più frequentemente adottato, che assume come oggetto di studio la percezione dell'inciviltà da parte dei cittadini [Coe, Kensky e Rains 2014; Stryker, Conway e Danielson 2016; Muddiman 2017; Rossini 2020] o degli stessi utenti coinvolti in manifestazioni di inciviltà nel corso della loro presenza online [Hopp 2019]. Se si tiene conto che l'inciviltà è definita in relazione a ciò che si ritiene non accettabile in base a norme condivise nonché a contesti di riferimento, l'attenzione per la percezione dei soggetti diventa cruciale per individuare direzione e linee evolutive del fenomeno all'interno di una prospettiva costruttivista.

Tornando alle modalità dell'inciviltà nel contesto politico, si possono individuare alcune costanti che si rintracciano in tutti gli approcci indicati. Così, per esempio, l'insulto, il sarcasmo, l'uso di volgarità, l'attacco alla reputazione, l'accusa di mentire, il ricorso a stereotipi di genere, razza e religione, il mancato riconoscimento dell'interlocutore, l'*hate speech*, l'omofobia e la diffusione di informazioni false sono tutti considerati espressione di inciviltà. Liste più o meno affollate di forme di inciviltà (composte da categorie ampie e altre più dettagliate) sono state utilizzate da molti ricercatori per individuarne la presenza nelle espressioni comunicative oggetto di studio, ovvero per sollecitare gli intervistati a valutarne la gravità.

Una buona sintesi delle articolazioni presenti è quella che riconduce gli indicatori più utilizzati a tre aree tematiche [Stryker, Conway e Danielson 2016]: inciviltà espressiva, inciviltà discorsiva e inciviltà ingannevole. L'inciviltà espressiva ricomprende attacchi personali, insulti e nomignoli come «Obamabots» – per riferirsi ai sostenitori di Barack Obama – o «Gretina» – per definire con disprezzo Greta Thunberg. Ancora in questo ambito, possono essere ricomprese le manifestazioni incontrollate di rabbia o le manifestazioni di dissenso e derisione. L'inciviltà discorsiva, invece, rimanda a quelle forme che mirano a escludere dalla discussione alcuni soggetti negando la possibilità del confronto attraverso interruzioni continue e il rifiuto ad ascoltare. L'inciviltà ingannevole, infine, include il ricorso intenzionale alla menzogna, l'accusa di utilizzare menzogne, l'uso di un'argomentazione basata su teorie infondate e mistificatorie. A seconda degli interessi dei singoli studiosi, la ricerca si è concentrata sui tentativi di danneggiare l'integrità e la reputazione dei soggetti [Hill, Capella e Cho 2015], sull'uso di elementi palesemente falsi e infondati [Gervais 2015; 2017; Muddiman 2017], sull'uso di stereotipi per stigmatizzare gruppi religiosi, etnici o sociali [Papacharissi 2004], sull'uso gratuito di volgarità [Kenski, Coe e Rains 2019].

3.2. *Quel che i cittadini ritengono incivile*

Piuttosto che continuare a elencare i diversi tipi di inciviltà riscontrati e analizzati dagli studiosi, ci sembra più interessante prestare attenzione a ciò che i soggetti ritengono classificabile come incivile nel comportamento di un politico. Su tale aspetto vi sono diverse ricerche. La più convincente è quella condotta negli Stati Uniti dove, a partire dall'analisi del *coverage* giornalistico di alcuni eventi politici, sono state prima individuate 24 forme di dichiarazioni e poi sono state sottoposte agli intervistati affinché vi distinguessero le dimensioni presenti (personale e pubblica) [Muddiman 2017]. Lo studio ha fatto emergere come «gli individui ritengano che entrambi i tipi di violazione delle norme siano incivili» [*ibidem*, 3197]. Lo stesso studio evidenzia, però, come le forme di inciviltà a livello pubblico siano considerate meno incivili di quelle espresse a livello personale, nel senso che «insultare un altro politico può essere considerata un'offesa maggiore di quella del bloccare o mettere in pericolo il processo legislativo, sebbene in entrambi i casi vi siano serie conseguenze» [Muddiman 2019, 35].

Indicazioni ancora più precise in merito a ciò che i cittadini considerano incivile nel comportamento di un attore politico provengono da una ricerca che esortava gli intervistati a offrire esempi di comportamenti incivili a livello sia personale sia pubblico [*ibidem*], rovesciando così il tradizionale approccio che vede i ricercatori sottoporre all'intervistato una lista di comportamenti da valutare. Prima di guardare da vicino la lista emersa dalle risposte, vale la pena sottolineare come gli intervistati siano stati molto più propensi e generosi nel fornire esempi di inciviltà a livello pubblico (61% del campione) che a livello privato (21%). Nella lista fornita dagli intervistati si trovano conferme ma anche interessanti sorprese. Tra le conferme vi è l'attribuzione di inciviltà a comportamenti come l'attacco personale, le bestemmie, le urla e lo scontro verbale nel corso di un confronto televisivo, la mancanza di rispetto, quale quella mostrata nei confronti di Barack Obama al quale un deputato urlò «Bugiardo» nel corso di un intervento davanti al Congresso, e le menzogne appositamente messe in circolazione. Tra le novità, nel senso che gli studiosi non le avevano mai contemplate come espressione di inciviltà, figurano il tradimento, le promesse vuote, il linguaggio demagogico, la compravendita dei voti, la paralisi degli organi di rappresentanza a opera dei loro membri, l'uso di tematiche specifiche (come quella della razza per esempio) per sostenere le proprie argomentazioni. Insomma, l'interpretazione di inciviltà fornita dai cittadini ha confini molto più ampi di quelli propri della definizione datane dagli studiosi, tanto da arrivare a includere comportamenti che sono sanzionati per legge, come la compravendita dei voti.

L'estensione del campo semantico del concetto operata dai soggetti intervistati richiede alcune riflessioni in merito al rischio che una sollecitazione come quella descritta produca una valutazione della politica piuttosto che dell'inciviltà nel contesto politico. Solo così si può spiegare come comportamenti certo incivili ma, soprattutto, illegali come la compravendita dei voti siano stati inseriti nell'area degli esempi dell'inciviltà a livello pubblico. La lettura degli esempi forniti fa sorgere il dubbio che la focalizzazione degli intervistati sia stata sulla politica, considerata ormai come costitutivamente portatrice di inciviltà o, quantomeno, associata a essa. In base ai dati disponibili non è possibile approfondire tale declinazione o circoscriverla, eventualmente, al solo contesto statunitense. Un'eventualità da non escludere, visto che l'inciviltà e la sua percezione sono dipendenti dal contesto nel quale il fenomeno si colloca.

In attesa di nuove ricerche e nuovi dati empirici che possano gettare luce su tali aspetti, possiamo però dire che l'inciviltà politica, nelle numerose espressioni che può assumere, è il frutto dell'intreccio tra una dimensione personale e una dimensione pubblica. Dalla veloce disamina presentata nelle pagine precedenti emerge come tali dimensioni siano fortemente intrecciate e compresenti tanto nei prodotti comunicativi degli attori politici e dei cittadini quanto nella percezione degli individui. La presenza del fenomeno nell'attuale ecosistema mediale – consolidata e resa ancora più visibile dalle affordance di alcune piattaforme – sollecita letture che vadano oltre la registrazione delle singole manifestazioni di inciviltà, nell'intento di cogliere la sua presenza all'interno di precise strategie comunicative, da un lato, e le conseguenze sul rapporto tra cittadini e democrazia, dall'altro.

4. *Gli usi strategici dell'inciviltà politica*

Se si considera l'inciviltà, così come la civiltà, uno «stato» e non un «tratto» che può mutare al mutare delle circostanze [Herbst 2010], risulta particolarmente agevole individuarne il possibile uso strategico messo in atto dai soggetti politici. Per intraprendere tale tentativo, pensiamo possa essere utile partire da un esempio per molti versi paradigmatico come quello che ha per protagonista un europarlamentare della Lega. Angelo Ciocca, questo il suo nome, il 23 ottobre del 2018, al termine di un intervento nell'aula del Parlamento europeo di Pierre Moscovici (commissario agli Affari economici) che esprimeva un giudizio negativo sulla proposta di legge di bilancio del governo italiano (allora retto dall'accordo tra il Movimento 5 Stelle e la Lega), raggiungeva il banco dei relatori, toglieva quasi di mano all'oratore i fogli del suo discorso e, platealmente, usava una scarpa per imbrattarli in segno di disprezzo. Nel caso in questione, difficile trovare qualcuno che possa sollevare dubbi sull'inciviltà del gesto, rivolto sia nei confronti del Parlamento europeo sia nei confronti del commissario Moscovici e di tutti i cittadini europei che hanno visto una loro istituzione insultata così platealmente. Altrettanto difficile, a nostro avviso, tentare di collegare il gesto dell'europarlamentare a quello compiuto da Chruščëv in un suo intervento all'Assemblea delle Nazioni

Unite del 1960 quando, preso dalla foga del discorso, si tolse una scarpa e iniziò a sbatterla sul tavolo. Dalla descrizione dei due episodi non si può non cogliere la profonda diversità tra i due contesti: in un caso, un discorso infervorato di difesa di fronte a un'Assemblea poco conciliante; nell'altro, una performance di ispirazione surrealista che si è configurata come un atto di disturbo al discorso di un altro soggetto.

Ancora difficile, ma certamente più interessante, invece, appare riflettere sulla strategia comunicativa messa in atto dall'europarlamentare mediante il suo atto incivile in relazione alla *self promotion*, all'identità del suo partito e dei suoi elettori, alle ripercussioni attivate circa la rilevanza di alcuni temi nell'agenda pubblica (controllo del debito pubblico e ruolo dell'Europa) e così via. Insomma, cercare risposte all'interrogativo su cosa volesse ottenere con quel gesto. L'esempio citato ha, a nostro avviso, il merito di illustrare la complessità dell'inciviltà politica e l'ampia gamma di usi strategici che gli attori possono tentare di mettere in atto. Per quel che riguarda gli attori coinvolti, è bene specificare che essi non si limitano a quelli politici (l'esponente leghista, nel caso in questione) ma ricomprendono anche quelli mediali, che hanno diffuso e rilanciato le immagini e ospitato i commenti e le conversazioni sviluppate al riguardo dagli utenti sui social media, elaborato interpretazioni ed espresso giudizi.

4.1. *Le audience dell'inciviltà politica*

Prendendo le mosse dall'analisi degli attori mediali, è bene ricordare la ben nota propensione del mezzo radiofonico e della televisione a fornire spazio e visibilità alla contrapposizione accesa, che spesso degenera in veri e propri episodi di inciviltà, tra i soggetti ospiti dei programmi. Non a caso, i talk radiofonici sono stati i primi ad attirare l'attenzione degli studiosi per la presenza di discorsi incivili e fortemente polarizzanti [Mutz 2015]. Dal canto loro, le emittenti televisive, quando poste in un contesto fortemente competitivo sul fronte dell'audience, hanno, a loro volta, dato spazio a forme discorsive aggressive e talvolta incivili. Lo spettacolo dello scontro è andato in onda e continua ad andare in onda all'interno dei principali talk show nell'unico intento di intrattenere il telespettatore e inchiodarlo di fronte allo schermo per vedere come andrà a finire. Come abbiamo già detto e come possiamo testimoniare nella nostra veste di telespettatori, gli ospiti dei talk show spesso sostengono posizioni diverse e contrapposte, rasentando frequentemente la rissa verbale con scambio di insulti reciproco. Seppure talvolta questa offerta dia vita al «paradosso dell'inciviltà» [Mutz e Reeves 2005] – inteso come il combinato di sentimenti di attrazione e repulsione da parte dei telespettatori –, essa mantiene una sua centralità provocando, come vedremo meglio nelle prossime pagine, distanza e sfiducia nei confronti del governo e delle istituzioni politiche, nonché un minor rispetto per il confronto tra punti di vista diversi. Anche nel web l'*incivility* risulta essere un *asset* che produce interesse e partecipazione da parte degli utenti. Infatti, come emerso da diverse ricerche empiriche, il ricorso al linguaggio dell'inciviltà politica nel web – espressa tanto nei propri post quanto nei commenti a quelli pubblicati da altri – produce *engagement* [Gervais 2015; 2017; Muddiman e Stroud 2017], attivando in tal modo un meccanismo che attribuisce un'ulteriore centralità alle piattaforme nel più ampio ecosistema mediale [Faris *et al.* 2017]. Insomma, nella conquista del pubblico radiofonico o televisivo e degli utenti del web, il ricorso all'*incivility* produce evidenti ritorni in termini di audience e di *engagement* attivato.

Sul fronte degli attori politici, il ricorso al linguaggio dell'inciviltà risponde a numerose e diversificate scelte strategiche. Prima di entrare nel merito di tale discussione, è bene ricordare che i linguaggi dell'emotività, dell'informalità, financo dell'aggressività e della rabbia fanno parte di quella cassetta degli attrezzi che gli attori politici utilizzano da tempo per ridurre la distanza con i cittadini/elettori. L'affermazione delle piattaforme digitali ha ulteriormente facilitato l'*everyday political talk* nel quale sono coinvolti tanto i cittadini che i politici e i giornalisti. Nello scambio discorsivo tra soggetti politici e cittadini, il ricorso al linguaggio della quotidianità diventa un *asset* significativo nelle mani del politico che vuole mostrarsi estraneo alle élite tradizionali e vicino ai cittadini. Non a caso, siamo nell'epoca nella quale il «paradigma della superiorità» («votami perché parlo meglio di te e ne so più di te») è stato sostituito dal «paradigma del rispecchiamento» («votami perché parlo male come te e ne so quanto te») [Antonelli 2017]. Linguaggi incivili, scoppi di rabbia, insulti e prese in giro degli avversari diventano, dunque, potenziali occasioni per mostrarsi prossimi alla gente comune attraverso la discutibile scorciatoia del rispecchiamento. Così, si userà anche un linguaggio incivile e aggressivo ma si dirà a chiare lettere come stanno le cose, parlando per tutti quelli che non possono farlo e usando il loro linguaggio. L'esperienza politica del Movimento 5 Stelle è, al riguardo, esemplificativa tanto nella costruzione dell'identità del movimento quanto nei coloriti interventi pronunciati in aula da alcuni suoi esponenti. In generale, quindi, gli episodi di inciviltà politica possono talvolta non rispondere ad alcuna strategia elaborata dal soggetto coinvolto ma si limitano a riflettere quell'identificazione tra élite e gente comune che costituisce la cifra identificativa di molte forze politiche neopopuliste che affollano il panorama politico contemporaneo.

4.2. *Inciviltà e «political branding»*

La disamina degli usi strategici dell'inciviltà da parte dei soggetti politici non può che prendere le mosse da quello più semplice, vale a dire dalla *self promotion* tanto all'interno del partito quanto presso il proprio elettorato di riferimento. Certo, si tratta di una promozione di natura discutibile, ma pur sempre in grado di consentire una fugace notorietà al soggetto che si è reso protagonista del fatto: d'altra parte, chi mai ricorderebbe oggi l'europarlamentare Angelo Ciocca se non si fosse comportato così incivilmente? Nell'era dei social media e della viralità, gli eventi come quello citato vanno oltre la cronaca giornalistica e assumono vita propria tramite le pratiche del remix dei contenuti da parte degli utenti, permanendo all'interno dell'offerta del web. Pur se ipotizziamo che esso sia minoritario nel panorama dell'inciviltà politica, questo uso strategico può aiutarci a spiegare alcuni comportamenti che, altrimenti, sarebbero di difficile comprensione vista l'irrilevanza degli effetti dal punto di vista della discussione e della decisione politica.

Di immediata comprensione, invece, risulta l'uso strategico dell'inciviltà per la costruzione di un brand, che consente la differenziazione e l'identificazione immediata dell'attore politico. L'esponente politico che ha mostrato maggiore efficacia e maestria in tale uso è certamente l'ex presidente degli Stati Uniti Donald Trump. Prima di lui, però, anche Sarah Palin aveva abbracciato la scelta della brandizzazione dell'inciviltà. Chiamata «Sarah Barracuda» dalla stampa, la Palin costruì il suo profilo politico all'insegna della sua promessa «con me, niente politica tradizionale» e lo alimentò mediante discorsi infuocati nei quali violenza e aggressività erano le cifre identificative. Questo uso strategico dell'inciviltà le permise di guadagnare nella copertura mediale il framework dell'inciviltà e l'identificazione con la parte più emotiva e aggressiva dell'elettorato repubblicano. In un gioco di ruolo tra poliziotto buono e poliziotto cattivo, John McCain usò strategicamente la civiltà per sedare gli animi più accesi mentre Sarah Palin «scelse l'inciviltà come strumento per interagire con gli elettori e costruire una corrente emotiva nei confronti del ticket repubblicano» [Herbst 2010, 48]. Una scelta strategica simile è stata fatta da Trump. Forte di una letteratura che già lo vedeva utilizzare un linguaggio disinvolto e mettere in atto comportamenti discutibili se non deplorevoli in numerosi episodi precedenti alla sua carriera politica, Trump ha utilizzato la piattaforma Twitter come una vera e propria infrastruttura di inciviltà [Bratslavsky, Carpenter e Zompetti 2020] per costruire il suo brand di presidente estraneo all'establishment (pur se da lì proveniente) e vicino al cittadino comune. Da questo punto di vista, Trump ha interpretato magistralmente il copione del leader populista che «persegue platealmente l'obiettivo di rinnegare il conformismo del politicamente corretto, per squarciare l'alone di ipocrisia che avvolge la politica precedente» [Barile 2019, 98], nell'intento di ridefinire la propria immagine «grazie a dosi massicce di empatia e di autenticità» [*ibidem*, 1]. Grazie a un'interpretazione magistrale dei tratti costitutivi di Twitter – quantomeno nella ricostruzione che ne offre Brian Ott [2017] che li identifica nella semplicità, impulsività e inciviltà –, Donald Trump è riuscito ad affermare il suo brand di uomo politico, prima come candidato e poi come presidente, che parla e agisce in modo autentico ed estraneo a quello proprio dell'establishment. Mediante il ricorso a un linguaggio volgare, ad attacchi *ad personam*, a vere e proprie operazioni di disinformazione e a stigmatizzazioni di gruppi sociali ha costruito e pubblicato tweet letti, condivisi e commentati sia dai sui sostenitori sia dai suoi critici e dagli stessi giornalisti. Con il tempo, il brand Donald Trump, politico anticonvenzionale e fuori dagli schemi, si è affermato tanto da precederlo e orientare le interpretazioni dei suoi messaggi che, in ogni caso, hanno continuato a mostrare la presenza di elementi di inciviltà. Nel corso della campagna presidenziale del 2020, per esempio, gli spot pubblicitari pubblicati su Facebook a sostegno del presidente in carica contenevano espressioni incivili nella misura di un terzo del totale [Stromer-Galley *et al.* 2020]. Ancora più netta sul versante dell'inciviltà risulta, poi, la comunicazione di Trump nelle settimane successive al voto, quando ha tentato di costruire e imporre il frame del «furto» del risultato elettorale da parte dei democratici.

Purtroppo, come si può intuire, non siamo di certo di fronte a un caso isolato o circoscrivibile agli Stati Uniti. Anche in Italia abbiamo soggetti politici che dell'inciviltà hanno fatto la loro cifra identificativa. A titolo esemplificativo, possiamo ricordare Paola Taverna, esponente della prima ora del Movimento 5 Stelle e nota per il frequente uso di un linguaggio lontano anni luce da quello di palazzo Madama che la ospita in veste di senatrice. In un incontro pubblico, parlando del Partito democratico, si è espressa nei seguenti termini «mafiosi, schifosi, siete delle merde. Ve ne dovete andare»[2]. Anche Vincenzo De Luca, governatore della regione Campania, ha costruito il proprio brand sul ricorso a un linguaggio colorito e offensivo. Nel rivendicare la sua diversità rispetto ai politici del nostro paese, ha affermato che «gran parte della politica tradizionale è costituita da mezze pippe e da pippe

intere»[3]. In entrambi i casi, poco importa che il brand sia associato all'aggressività, all'insulto e all'inciviltà. È molto più importante il tratto distintivo che identifica e differenzia il soggetto.

4.3. *Inciviltà e «identity politics»*

Un altro uso strategico dell'inciviltà, vicino a quello appena descritto, mira alla costruzione di un'identità politica, tale da rispecchiare e dare visibilità a quella dei gruppi sociali che si vogliono rappresentare. Ancora una volta, Trump offre un esempio appropriato. Nel luglio 2019, infatti, l'ex presidente pubblicò ben tre tweet di particolare interesse per la presenza di razzismo e per l'identificazione sollecitata[4].

A ispirare i tweet furono quattro deputate del Partito democratico (Ayanna Pressley, deputata del Massachussetts; Ilhan Omar, deputata del Minnesota; Alexandria Ocasio-Cortez, deputata di New York City; Rashida Tlaib, deputata di Detroit) impegnate al Congresso nella battaglia contro la costruzione del muro al confine con il Messico. Nonostante tutte le deputate fossero cittadine americane e nate in America (con l'unica eccezione di Ilhan Omar, rifugiata somala), Trump ha diffuso informazioni false sulla loro nazionalità sostenendo che provenivano da paesi con governi catastrofici e le ha invitate («go back») a tornare nei paesi d'origine, e a smettere di pretendere di dire al governo americano come comportarsi.

Le immediate voci critiche che si sollevarono come reazione a questi tweet furono tutte concordi nel sottolineare la componente razzista presente, evocata direttamente tramite quell'invito a tornare a casa. L'attacco razzista di Trump, continuato anche nei giorni successivi alla pubblicazione dei tweet in diversi incontri pubblici, può essere considerato una risorsa strategica per un soggetto politico impegnato a costruire una *identity politics*, vale a dire un'identità politica e sociale nella quale fasce di elettorato possano identificarsi e ritrovarsi. Nel caso in esame, tramite la pubblicazione di questi tweet e la conseguente copertura mediale attivata, Trump voleva segnalare «a coloro che sono nati in America e ai bianchi repubblicani che lui è uno di loro, condivide i loro valori, e quindi li rappresenta» [Kreiss, Lawrence e McGregor 2020, 2]. Il ricorso al razzismo, dunque, deve essere interpretato come un mezzo per sottolineare e rafforzare l'interpretazione secondo la quale Trump è il soggetto politico che meglio di chiunque altro può rappresentare i bianchi americani di orientamento repubblicano. Addirittura, egli può essere visto come una sorta di «prototipo di un particolare gruppo» [*ibidem*, 3].

4.4. *Inciviltà e mobilitazione*

Oltre a ribadire la rappresentanza di una specifica identità politica, simili operazioni consentono la mobilitazione della propria base [Herbst 2010], obiettivo strategico spesso presente soprattutto nella determinazione delle dinamiche *in-group* e *out-group*. Non a caso, qualche giorno dopo la pubblicazione dei tweet sulle quattro deputate dell'esempio citato, nel corso di un incontro pubblico tenuto da Trump nella Carolina del Nord, i suoi sostenitori intonarono cori che chiedevano di rimandarle a casa. Sul potere di mobilitazione di dichiarazioni aggressive e incivili presso il proprio elettorato si pensi alla diffusione sui social media di hashtag che compattano la propria base definendo chiaramente i confini dell'*in-group* e quelli dell'*out-group*. Al riguardo, non si può certo dimenticare il potere di mobilitazione esercitato dalle comunicazioni di Trump in occasione dell'assalto a Capitol Hill da parte dei suoi sostenitori al grido di «Stop the steal». La mattina stessa del 6 gennaio 2021, Trump, di fronte alla Casa Bianca, continuava a ripetere – dopo averlo fatto per settimane – «che le elezioni erano state rubate, che era necessario combattere e che lui stesso si sarebbe unito ai manifestanti»[5], contribuendo ad alimentare quel clima di violenza che di lì a poco avrebbe portato all'assalto di Capitol Hill e alla morte di cinque persone. Si tratta, evidentemente, di un evento eccezionale ma che, per il ragionamento che stiamo sviluppando in queste pagine, ben si presta a far emergere il nesso tra mobilitazione dei sostenitori e inciviltà degli attori politici.

4.5. *Inciviltà e agenda dei media*

Vi è, poi, l'uso strategico dell'inciviltà per occupare spazio nell'agenda pubblica e affermare nel dibattito pubblico le proprie issue. Al riguardo, si pensi all'episodio che ha visto Salvini nel gennaio del 2020 girare un video in diretta Facebook di una sua incursione nell'abitazione di una famiglia di immigrati a Bologna, nell'intento di individuare un presunto spacciatore lì residente, come segnalato da una vicina di casa. Accompagnato da giornalisti e dalla stessa signora che aveva fatto la segnalazione, Salvini ha domandato all'ignaro padrone di casa che ha riposto al citofono se fosse uno spacciatore e se fosse tunisino. Con quell'episodio, il segretario della Lega non solo ha stigmatizzato come spacciatori i membri di una famiglia innocente fino a prova contraria ma, contemporaneamente, è tornato a porre al centro dell'agenda pubblica il tema dell'immigrazione con i suoi consueti corollari di delinquenza e droga. Nel caso specifico, va segnalata anche la condiscendenza di quei giornalisti che lo hanno accompagnato in questo blitz bolognese senza rilevare la scorrettezza nei confronti di quella famiglia, in particolare, e di tutti gli immigrati, in generale. Come si può immaginare, nei giorni successivi il leader leghista è stato oggetto di critiche mosse dai media: Massimo Giannini su «Repubblica» ha commentato: «L'inciviltà del leader leghista che per un pugno di voti improvvisa una gogna di piazza di stampo medievale». Ma, contemporaneamente, il tema dell'immigrazione ha goduto di una nuova diffusa copertura mediale e in quel periodo le ricerche effettuate su Google sul tema dell'immigrazione hanno registrato un incremento del 20% rispetto al mese precedente.

4.6. *Inciviltà come dissenso*

Infine, l'inciviltà nel contesto politico può assumere anche i tratti di una forma di dissenso, che non ha altre possibilità di espressione, come accadeva negli anni Sessanta con i movimenti di protesta in una condizione di innegabile debolezza nei confronti della politica e dei media tradizionali [Gitlin 2013]. In questo caso, è evidente come le dinamiche di potere siano tali da influire sulle opportunità e le forme di espressione. Secondo Derek Edyvane, autore di un interessante articolo sull'interpretazione dell'inciviltà come forma di dissenso, «per coloro che esprimono punti di vista dissenzienti e che sono sempre stati marginalizzati o silenziati nei contesti formali istituzionali, la pratica dell'inciviltà costituisce un mezzo potenzialmente promettente per *imporre un tema*» [Edyvane 2020, 122, corsivo nel testo]. Un vero e proprio uso strategico, dunque, per cercare di conquistare potere da parte di chi non ce l'ha o di chi ne ha decisamente meno, e ampliare la sfera pubblica democratica [Zerilli 2014]. Il caso di Colin Kaepernick, *quarterback* dei San Francisco 49ers, bene esemplifica l'inciviltà come provocazione per affermare un tema. Nel 2017, il giocatore violò la consuetudine dell'ascolto in posizione eretta dell'inno nazionale americano mettendo un ginocchio a terra in segno di protesta contro la violenza razziale della polizia. Da allora, quel gesto è diventato noto in tutto il mondo e ha consacrato Kaepernick a esponente di spicco della lotta per i diritti civili negli Stati Uniti. Il gesto, che costò al giocatore la fine della sua carriera sportiva, è divenuto un simbolo di lotta ancora oggi utilizzato. Qualche tempo dopo, di fronte alla replica di questa forma di protesta da parte di altri giocatori, Trump intervenne con il suo stile aggressivo chiedendo che chiunque avesse osato farlo venisse licenziato in tronco. Come riporta un articolo pubblicato dal «Guardian», Trump esortò la NFL (National Football League) a intervenire duramente con le seguenti parole: «Sbattete fuori dal campo quel figlio di puttana, subito. È licenziato. È licenziato» [Graham 2017]. L'esempio riportato offre l'opportunità di cogliere un'ulteriore sfumatura dell'inciviltà politica, intesa come atto di resistenza e, talvolta, unica opzione in certe situazioni per opporsi a logiche di potere squilibrate [Edyvane 2020].

In conclusione, considerare l'inciviltà – nelle sue numerose sfumature e interpretazioni – come una risorsa strategica permette di analizzare il fenomeno nel suo continuo mutamento e adattamento al contesto politico, culturale e mediale nel quale si colloca. D'altro canto, una riflessione sulle trasformazioni del dibattito pubblico non può prescindere da un'attenta analisi dell'uso strategico dell'inciviltà che può essere realizzato da tutti coloro che danno vita all'agency comunicativa nel mondo contemporaneo. Un uso che, purtroppo sempre più spesso, non sembra finalizzato a un confronto – pur se acceso e infervorato – tra posizioni diverse ma, invece, appare teso alla negazione dell'altro e delle sue argomentazioni. Quali e quanti danni possa produrre un clima rissoso di questo tipo sulle istituzioni democratiche è la questione che affronteremo nelle prossime pagine.

5. *Le conseguenze del linguaggio dell'inciviltà*

L'attenzione e la preoccupazione per il dilagare di discorsi incivili nel contesto politico sono da tempo al centro delle riflessioni degli studiosi e degli stessi attori politici. Già alcuni anni fa, Tom Patterson [2002] ci metteva in guardia circa il fatto che gli attacchi violenti avrebbero allontanato gli elettori dalla vita politica e, qualche anno dopo, nel discorso pronunciato a Tucson in memoria delle vittime di una sparatoria[6], Barack Obama dichiarava che «solo un discorso pubblico più onesto e civile può aiutarci ad affrontare le sfide poste al nostro paese». La campagna elettorale del 2016 e la conseguente elezione di Trump a presidente degli Stati Uniti hanno ulteriormente richiamato l'attenzione sulla questione della diffusione dell'inciviltà nel contesto politico. Secondo John Gastil [2019], con Trump la crisi di civiltà ha toccato il suo apice: come presidente eletto, ha governato come «insulter-in-chief». Nell'introduzione a un volume dall'eloquente titolo, *A Crisis of Civility?*, Robert Boatright ha citato i dati di un sondaggio condotto nel 2016 dal quale emergeva che «il 75% degli americani è d'accordo che si sia di fronte a una "crisi" di civiltà e più della metà degli intervistati dichiara di non essere interessata alla politica o al coinvolgimento nella vita pubblica a causa dell'inciviltà» [Boatright 2019, 2]. Insomma, la consapevolezza che l'inciviltà politica possa avere conseguenze sul funzionamento della democrazia non è né così recente né circoscritta all'ambito della riflessione scientifica.

A onor del vero, bisogna dire che tale consapevolezza viene da lontano. Come abbiamo detto nelle pagine precedenti, già la rappresentazione rissosa della politica in televisione aveva ispirato numerosi studiosi che avevano parlato, alternativamente, ora di «videomalaise» [Robinson 1975], ora di «spirale del cinismo» [Cappella e Jamieson 1997]. Il tratto distintivo e nuovo dei tempi correnti risiede, a nostro avviso, nella diffusione della consapevolezza del problema, condivisa non solo dagli studiosi ma anche dai cittadini.

Nonostante sia decisamente complessa l'individuazione di un nesso causale, l'ipotesi che l'affermazione del web e dei social media abbia cambiato significativamente il contesto comunicativo nel quale si producono e diffondono i discorsi incivili appare abbastanza plausibile. Le affordance delle piattaforme, i processi di disintermediazione che hanno consentito di superare le distanze tra attori politici e cittadini che un tempo sembravano incolmabili, il senso di intimità desiderato dai cittadini e reso possibile dai social media, nonché l'irruzione dell'emotività nel contesto pubblico [Davies 2019] sono alcuni degli elementi che devono essere tenuti presenti per comprendere le ragioni di tale preoccupazione. Inoltre, non si può ignorare il fatto che a lungo è circolata ed è stata largamente condivisa un'interpretazione che attribuiva al web la capacità di rinvigorire i processi democratici mediante il coinvolgimento dei cittadini nel dibattito pubblico [Dahlgren 2013]. A dire il vero, le reali occasioni di partecipazione alle discussioni online e un accesso di massa ai social media hanno fatto emergere tutte le difficoltà proprie delle interazioni discorsive, e offerto frequenti occasioni di assistere a scontri verbali e a vere e proprie campagne di odio e denigrazione nei confronti di alcuni gruppi sociali (immigrati, donne ecc.). In breve, piuttosto che creare le condizioni per lo scambio e il confronto, finanche per la realizzazione di processi deliberativi, le diverse occasioni di conversazione online attorno a temi politici hanno fatto emergere forme di polarizzazione accompagnate da attacchi incivili nei confronti di chi non condivide le stesse posizioni [Mutz 2006]. Inoltre, va considerato che l'esperienza di conversazioni e attacchi incivili, pur se non vissuta direttamente in prima persona, raggiunge gli individui tramite la lettura di post di altri soggetti e, talvolta, mediante lo stesso *coverage* giornalistico, notoriamente attento a dar conto di episodi di inciviltà in virtù del criterio della notiziabilità e dell'interesse sollevato nell'audience [Muddiman 2013]. Ciò fa sì che, pur senza essere mai stati coinvolti direttamente in eventi caratterizzati dall'inciviltà politica, molti cittadini si dichiarino preoccupati e mettano in atto strategie di difesa e allontanamento dalla stessa politica.

La difesa nei confronti di atti di inciviltà e l'allontanamento dalla politica sono, ovviamente, due fenomeni molto diversi che richiedono un'attenta riflessione. Non a caso, la letteratura sull'argomento è estremamente ricca e articolata, tanto da apparire caotica e poco sistematica sia negli approcci adottati che nei risultati ottenuti. Nonostante ciò, è possibile ricondurre le numerose ricerche disponibili a specifici livelli analitici, tali da produrre un quadro sufficientemente chiaro: le conseguenze connesse all'inciviltà politica possono, infatti, essere riferite ai singoli individui (livello micro), alle dinamiche della discussione che si attivano (livello meso) e al rapporto più generale con la politica e con le istituzioni politiche (livello macro).

5.1. *Le ricadute dell'inciviltà sugli individui*

Rispetto alle conseguenze rilevate sugli individui (livello micro), i diversi studiosi che se ne sono occupati hanno affrontato l'analisi delle ricadute sia dell'esposizione a forme di inciviltà da parte delle élite politiche [Gervais 2017; 2018], sia del coinvolgimento diretto in discussioni con una forte componente incivile [Kwon e Gruzd 2017]. Entrambi gli approcci di studio hanno fatto emergere come si possano rintracciare forme di contagio tra i soggetti coinvolti, sia «in termini di presenza che di intensità» [*ibidem*], nonché l'espressione di sentimenti di rabbia [Gervais 2017]. È importante sottolineare quest'ultimo aspetto perché introduce un nuovo elemento sul quale riflettere, ovvero il ricorso al linguaggio incivile da parte degli utenti utilizzato come una valvola di sfogo in una condizione di falsa sensazione di anonimato. Secondo Bryan Gervais, infatti, «l'inciviltà che pervade il discorso politico digitale non è semplicemente una forma di mimetismo rispetto alle élite ma costituisce una forma di reazione agli stessi messaggi all'interno del proprio gruppo» [*ibidem*, 399]. Detto altrimenti, è una sorta di occasione per manifestare da parte degli utenti la propria rabbia. Al riguardo, i lettori italiani ricorderanno senz'altro l'episodio che ha visto coinvolta un'anziana pensionata che ha pubblicato su Facebook un post che attaccava il presidente della Repubblica Mattarella e suo fratello, vittima di un attentato di mafia. Al momento dell'identificazione, la signora si giustificò dicendo che «Era un periodo molto caldo, in cui gli animi erano surriscaldati da alcuni parlamentari dei 5 Stelle di cui ero simpatizzante. Mi sono lasciata contagiare stupidamente da questi fatti»[7]. Che si tratti di un effetto contagio o di un'occasione di sfogo non cambiano la natura e la direzione del risultato, ovvero una proliferazione di interventi che alterano le condizioni di scambio e confronto che dovrebbero caratterizzare queste forme di discussione pubblica e che contribuiscono a rendere il dibattito pubblico sempre più infuocato e incivile. Ancora sul fronte delle conseguenze a livello micro, vale la pena ricordare la diversità di reazioni da parte dei soggetti che «temono il conflitto» e di quelli che invece si sentono a «proprio agio con il conflitto»: i primi si sottraggono alla discussione, mentre i secondi possono, addirittura, considerare la situazione una forma di intrattenimento [Sydnor 2019]. Le variabili personali riconducibili all'orientamento al conflitto [Mutz 2015] che intervengono nel caso di discussioni caratterizzabili come incivili – come la *tolerance for disagreement* [Otto, Lecheler e Schuck 2019], il *defence effect* [Chen 2017] – rendono impossibile pervenire a individuare conseguenze generalizzabili. Sempre su questo fronte, infine, vanno ricordate le ricerche che hanno mostrato che gli individui rispondono negativamente all'inciviltà espressa nei loro confronti [Phillips e Smith 2004] e reputano meno credibili i contenuti espressi in forma incivile [Anderson *et al.* 2014]. In breve, la ricerca empirica condotta sulle conseguenze dei discorsi incivili sugli individui mette in risalto come l'effetto contagio e le espressioni di sentimenti di rabbia e aggressività siano presenti e tali da contribuire a creare quel clima di tossicità di cui molto spesso si parla. Al contempo, però, gli stessi discorsi possono essere all'origine di forme di entusiasmo, tanto da essere trasformati in un «coinvolgente spettacolo di intrattenimento» [Kosmidis e Theocharis 2020].

5.2. *Le ricadute dell'inciviltà sul discorso politico*

Se a livello micro l'inciviltà politica può portare al silenzio di alcuni e a un maggiore coinvolgimento di altri, a livello meso può portare a una netta alterazione della natura e della dinamica della discussione. La percezione di un clima di discussione fortemente omogeneo e orientato nelle sue espressioni, infatti, «può portare a silenziare le voci dissenzienti» [Rossini 2019b, 5]. Si tratta di un fenomeno ben noto agli studiosi della comunicazione, che viene identificato con il nome di «spirale del silenzio» [Noelle-Neuman 2002] in virtù dell'attivazione di un meccanismo di autosilenziamento da parte di coloro che percepiscono di sostenere una posizione minoritaria nella discussione. L'automarginalizzazione che ne consegue da parte della minoranza fa sì che la posizione maggioritaria venga percepita come dominante, anche se nei fatti non lo è. Questa dinamica, che è estremamente complessa riguardo all'attività di monitoraggio dell'ambiente comunicativo e del ruolo dei media, si rintraccia tanto nelle discussioni che avvengono sulle piattaforme sociali che in quelle che avvengono offline. Nei fatti, la tensione tra la posizione maggioritaria e quella minoritaria porta alla creazione di una contrapposizione tra *in-group* e *out-group*, ovvero a una polarizzazione [Borah 2014] che, nei contesti nei quali l'inciviltà caratterizza il tono della discussione, porta con sé l'erosione del valore della pubblica deliberazione e intensifica l'ostilità *out-group* [Hwang, Kim e Kim 2018]. La focalizzazione di alcuni studi sull'inciviltà presente nell'offerta di testate dichiaratamente partigiane [Druckman *et al.* 2019] ha ulteriormente arricchito il panorama interpretativo introducendo utili riferimenti alla diversificazione delle conseguenze sull'elettorato che, in taluni casi, si depolarizza mentre, in altri, aumenta il grado di polarizzazione nei confronti dell'*out-group*. Pure in presenza di numerose sfumature riguardo alle conseguenze delle espressioni di inciviltà nei contesti di discussione, l'effetto complessivo si caratterizza nei termini di una diffusa percezione di un clima incivile, tale da alterare la dinamica del confronto, ridotto alla condivisione degli stessi punti di vista e al silenziamento di quelli dissenzienti.

5.3. *Le ricadute dell'inciviltà sulle istituzioni politiche*

In ultimo, le conseguenze dell'inciviltà a livello macro possono essere ricercate in relazione ai meccanismi di governo, al comportamento elettorale, all'interesse per la politica e alla fiducia nella stessa politica [Massaro e Stryker 2012]. Come già segnalato riguardo ai livelli precedenti, anche in questo caso, le indicazioni e le risultanze empiriche sono spesso di segno diverso e contraddittorio. Prendendo le mosse dall'analisi delle conseguenze dell'inciviltà sui meccanismi di governo – intesi come azione di legiferazione in sede parlamentare –, si registrano le difficoltà a giungere a un accordo tra le diverse forze in campo a seguito, anche, di campagne elettorali segnate «dall'uso ingiustificato di affermazioni al vetriolo, accuse intenzionali o inconcepibili attacchi personali» [*ibidem*, 433]. Difficile in questo caso distinguere tra le conseguenze della polarizzazione politica – presente da diversi decenni nel contesto statunitense [Fiorina e Abrams 2008] – e quelle dell'inciviltà – presente continuativamente negli stessi Stati Uniti a partire dagli anni Ottanta [Shea e Sproveri 2012]. Per quel che riguarda il comportamento elettorale, siamo di fronte a interpretazioni di segno opposto: da un lato, troviamo elementi che vanno a sostegno di un incremento della partecipazione elettorale [Brooks e Geer 2007], dall'altro, troviamo indicazioni che vanno nella direzione della smobilitazione dell'elettorato [Massaro e Stryker 2012]. Un'analoga situazione si riscontra rispetto alle conseguenze che l'inciviltà produce sull'interesse per la politica. Alcuni studiosi ritengono che «l'inciviltà faccia diminuire la propensione alla partecipazione politica» [Otto, Lecheler e Schuck 2019, 13], mentre altri colgono addirittura un lieve incremento di interesse [Brooks e Geer, 2007], arrivando a ipotizzare che «così come le persone sono attratte dalle polemiche tra le celebrity raccontate dai tabloid [...] può darsi che una politica maligna e personalizzata stimoli l'interesse da parte di persone che altrimenti non avrebbero mai preso in considerazione i processi elettorali» [*ibidem*, 10]. Una maggiore concordanza si registra invece rispetto alle conseguenze sulla fiducia nella politica. Al termine del loro lavoro sull'effetto dell'inciviltà ospitata dalla televisione sui telespettatori, Diana Mutz e Bron Reeves sostengono che i loro risultati «mostrano che il discorso politico incivile ha effetti negativi sulla fiducia politica. A essere influenzato in termini negativi è il sostegno nei confronti sia dei membri del Parlamento che delle istituzioni governative» [Mutz e Reeves 2005, 13]. Alcuni anni più tardi, questo nesso troverà una conferma nella ricerca di Mutz, tanto da farle dichiarare che «l'inciviltà nel discorso politico piuttosto che attivare il conflitto di per sé può essere alla base dello scarso riguardo che i cittadini hanno nei confronti della politica e dei suoi esponenti» [Mutz 2015, 90]. In sintonia con questa analisi si pongono i risultati di una recente ricerca condotta in Belgio, dalla quale emerge che «quando i politici comunicano le loro posizioni in un modo incivile, la fiducia nella politica da parte dei cittadini declina» [Goovaerts e Marien 2020, 15].

Nonostante il diverso livello di analisi e l'approccio utilizzato, non sembrano esservi dubbi circa il fatto che l'inciviltà politica sia in grado di influenzare l'ambito dell'agire politico. Certo, tale influenza può essere tanto diretta quanto indiretta, più o meno visibile. Per il nostro ragionamento, tuttavia, essa interferisce sicuramente con la costruzione del dibattito pubblico, che viene chiaramente segnato da un clima d'opinione incivile. È bene ricordare ancora una volta, però, che l'inciviltà politica non è un fenomeno recente. Da una ricerca che ha preso in considerazione circa due secoli di produzione libraria negli Stati Uniti emerge che vi sono numerosi e significativi picchi di presenza – con cicli della durata di circa 20-30 anni – e che la «nasty politics si manifesta in combinazione con quelle che molti storici e politologi hanno definito elezioni critiche» [Shea e Sproveri 2012, 419]. In breve, tanto oggi quanto ieri, sono i contesti elettorali divisivi a costituire il terreno di coltura dell'inciviltà politica fino a farla diventare il tratto distintivo di un clima che non attribuisce alcun valore al confronto e che privilegia, invece, le espressioni polarizzanti, così come è emerso in occasione degli eventi del gennaio 2021 a Washington.

NOTE AL CAPITOLO SECONDO

[1] In relazione all'Italia, una completa e interessante rassegna è contenuta in Ceccarelli [2018].

[2] Il video dell'intervento, risalente al 2016, è disponibile in rete (https://www.youtube.com/watch?v=uEVKD6Zdj0Y).

[3] L'intervento di De Luca è accessibile on line (https://www.ilfattoquotidiano.it/2016/10/04/de-luca-e-le-mezze-pippe-del-m5s-di-maio-fico-e-dibba-fanno-una-pippa-e-mezzo/564476/).

[4] «Davvero interessante vedere come le rappresentanti "progressiste" dei democratici al Congresso, originariamente provenienti da paesi i cui governi sono una totale e completa catastrofe, i peggiori, più corrotti […] e inetti di tutto il mondo (nei casi in cui abbiano almeno un governo in carica), ora dicano in modo rumoroso e malvagio al popolo degli Stati Uniti, la più grande e potente nazione sulla terra, come dovrebbe essere gestito il nostro governo. Perché non se ne tornano indietro a dare una mano nei posti completamente falliti e infestati dal

crimine da dove sono venute? Poi possono tornare e farci vedere [...] come si fa. Quei posti hanno un enorme bisogno del vostro aiuto, prima andate e meglio è. Sono sicuro che Nancy Pelosi sarà felicissima di organizzare rapidamente un viaggio gratis!».

[5] Questa ricostruzione delle affermazioni di Trump è stata pubblicata dal «New York Times» (https://www.nytimes.com/2021/01/06/opinion/trump-capitol-dc-protests.html).

[6] L'8 gennaio del 2011, la deputata del Partito democratico Gabrielle Giffords venne gravemente ferita mentre teneva un comizio nella cittadina di Tucson (Arizona). Oltre ferire la Giffords, l'attentatore – un uomo con disturbi mentali – uccise altre sei persone.

[7] La ricostruzione della vicenda è stata pubblicata da «Repubblica», il 19 novembre 2019 con il titolo *Interrogata la nonna hater che insultava Mattarella su Facebook: «Contagiata dal clima, voglio chiedergli scusa»* (https://www.repubblica.it/cronaca/2019/11/10/news/zanrosso_nonna_hater_mattarella-240727396/).

CAPITOLO TERZO

DISORDINE INFORMATIVO: DISINFORMAZIONE E REGIME DI POST-VERITÀ

1. *Perché parliamo di «fake news» e post-verità?*

Il dibattito pubblico è caratterizzato oggi da una crisi generalizzata di legittimità delle istituzioni che si accompagna a una crisi di autorevolezza della comunicazione pubblica e che ha portato all'emergere di uno stato di disordine informativo. Nella comunicazione politica contemporanea, questa condizione è caratterizzata dalla crescita di attenzione per alcune forme che sono intrecciate nel dipingere lo scenario, e che rimandano a concetti quali *fake news*, misinformazione, disinformazione, manipolazione mediale, *coordinated inauthentic behavior*, e propaganda [Freelon e Wells 2020]. È questo un campo semantico definito da una preoccupazione, condivisa sia dal mondo dell'informazione sia da quello della ricerca, per il corretto funzionamento della democrazia. Un'allerta che è dovuta ai rischi di manipolazione mediale degli orientamenti dei cittadini, accentuati dalle possibilità di organizzazione e diffusione sempre più immediata dei contenuti, e che viene potenziata e accelerata dalle dinamiche proprie dei social media e degli spazi digitali. E questo sia per quanto riguarda le democrazie emergenti e più fragili – che vedono le possibilità della comunicazione online produrre effetti negativi su una popolazione che ha livelli di *digital literacy* bassi –, sia per quel che concerne realtà democratiche più consolidate – in cui assistiamo alla diffusione di contenuti falsi attraverso le piattaforme online da parte di soggetti politici, gruppi organizzati o come potenziali azioni di intelligence.

Possiamo osservare questa tensione nelle moltiplicazione di news e di ricerche come quelle relative alle elezioni presidenziali del 2016 negli Stati Uniti che hanno visto la vittoria di Trump, e che secondo gli osservatori hanno evidenziato un utilizzo particolare di *fake news*; o quelle relative alle elezioni in Brasile, che nel 2018 hanno portato alla presidenza di Bolsonaro, e si sono caratterizzate per una rilevante presenza di informazioni false e fuorvianti nella campagna politica, così come per un uso coordinato di WhatsApp al fine di influenzare l'elettorato; o come le analisi che hanno denunciato i linciaggi accaduti in India, evidenziando come siano stati provocati da falsi contenuti veicolati nei social media e nei sistemi di messaggistica istantanea; oppure come le ricerche sulle campagne d'odio e razziste veicolate attraverso Facebook in Myanmar, soprattutto contro la minoranza dei Rohingya, che hanno comportato l'uccisione di diversi cittadini; fino alle segnalazioni e alle ricerche sulla diffusione online di false informazioni relative al Covid-19, che è parte della cultura no-mask in diversi paesi del mondo.

Nonostante queste preoccupazioni riguardino lo scenario internazionale, la maggior parte della letteratura sul disordine informativo e la disinformazione è recente ed è riferita al contesto occidentale, in particolare americano, e la messa a tema in pubblico è altrettanto recente e coincide con il 2016, quando un crescente appello mediale e della ricerca sui pericoli relativi alla proliferazione di *fake news* – termine usato come sineddoche, una parte quindi a indicare una molteplicità di fattori che indicano il tutto del disordine informativo – si innestava in una più generale preoccupazione per lo stato di un dibattito pubblico che si stava svolgendo sempre di più in un contesto di post-verità: un contesto in cui si mescolavano atteggiamenti cospirazionisti, la produzione di «fatti alternativi», la contrapposizione tra verità scientifiche ed emozionali con il crescere di partigianerie sempre più radicali.

Per rispondere quindi alla domanda «perché oggi parliamo di *fake news* e post-verità?» occorre ricondurre l'analisi a quel periodo spartiacque che ha fatto emergere e ha definito la semantica attuale di questi concetti, riempiendola di quei significati che rimandano al disordine informativo delle nostre democrazie.

1.1. *La Brexit e il presidente Trump: quando «post-verità» divenne parola dell'anno*

Nel 2016 gli Oxford Dictionaries indicavano come parola dell'anno *post-truth*, a sottolineare la fortuna che l'uso del termine stava avendo nel giornalismo e nella politica. Con post-verità si sottolineavano le «circostanze nelle quali i fatti oggettivi sono meno influenti, nella formazione della pubblica opinione, del richiamo alle emozioni e alle convinzioni personali», definizione che pareva particolarmente indicata per interpretare il sorprendente esito di due eventi politici che hanno caratterizzato quell'anno: il risultato del referendum del Regno Unito che ha portato alla Brexit e la vittoria di Trump come presidente degli Stati Uniti. Si tratta di due campagne politiche che si sono distinte per un dibattito pubblico caratterizzato dalla diffusione di notizie false, costruite facendo leva su tematiche ed elementi emotivi di coinvolgimento dell'opinione pubblica, su forme comunicative che hanno coinvolto i pregiudizi delle persone alimentando un meccanismo psicologico di conferma delle convinzioni acquisite – fenomeno che in psicologia è appunto conosciuto come *confirmation bias*. Post-verità e *fake news* diventavano, in tal senso, un binomio interpretativo capace di caratterizzare il contesto informativo del presente.

A dire il vero, si va ben oltre questo binomio, se consideriamo, come abbiamo detto, che oltre alle espressioni già citate dobbiamo annoverare anche misinformazione, disinformazione, manipolazione dei media e propaganda. Secondo Deen Freelon e Chris Wells, «questa costellazione di termini *è* il tema che definisce la comunicazione politica del nostro tempo, alla luce della grande attenzione mediale e del gran numero di studiosi che se ne occupano» [Freelon e Wells 2020, 145, corsivo nel testo]. Chiariamo subito che non si tratta affatto di un fenomeno nuovo: nelle pagine seguenti vedremo come vi siano casi «illustri» di manipolazione dell'informazione. È certo nuovo, invece, il modo di produrre, far circolare e interpretare tali messaggi. E sono esattamente tali elementi di novità a destare preoccupazione circa i loro effetti sul funzionamento delle istituzioni democratiche.

Si tratta di una preoccupazione che si è affermata e diffusa a partire, appunto, dal 2016, quando la comunicazione politica mainstream è stata affiancata da forme di *online computational propaganda* [Howard, Woolley e Calo 2018] che hanno attivato un rilevante volume di condivisioni di notizie che riportavano false informazioni o che, comunque, contribuivano all'inquinamento dell'informazione[1]. In linea generale, sia la campagna per la Brexit che quella per l'elezione del presidente degli Stati Uniti si sono contraddistinte per un basso livello di accuratezza per i fatti e per l'emergere nel dibattito pubblico di un problema relativo alla circolazione di cosiddette *fake news* [Rose 2017], cioè relativo alla produzione di notizie parzialmente o interamente costruite al fine di una loro massima esposizione mediale e circolazione virale online, capaci di attivare dinamiche di partigianeria. Una delle notizie false più diffuse da Boris Johnson, allora ministro degli Esteri britannico e capofila dei Brexiteers, durante la campagna referendaria UK, era che il Regno Unito inviava 350 milioni di sterline a settimana all'Unione Europea e che invece quei soldi potevano essere spesi per il servizio sanitario nazionale. Trump ha lanciato invece la sua candidatura a presidente degli Stati Uniti il 16 giugno 2015 con un discorso che toccava anche il tema dei rapporti con il Messico, affermando:

> Quando il Messico manda la sua gente, non sta mandando i migliori. Non stanno mandando te. Non stanno mandando nemmeno te. Stanno mandando persone che hanno un sacco di problemi, e che stanno portando questi problemi tra noi. Portano droga. Portano il crimine. Sono stupratori. Anche se alcuni, presumo, sono brave persone.

Il ricorso ad argomentazioni di questo tipo da parte di attori politici come Johnson e Trump finisce per smuovere elementi non razionali, per costruire attorno a pseudo-fatti un dibattito pubblico orientato a retoriche del consenso e all'affermazione di posizioni pregiudiziali su cui riconoscersi e a cui aderire. Non si tratta, ovviamente, di qualcosa di assolutamente nuovo nel linguaggio pubblico della politica – lo ricorderemo più avanti parlando della guerra del Golfo e della presunta presenza di «armi di distruzione di massa» in Iraq – ma è la prima volta che l'opinione pubblica si confronta in modo così veloce rispetto agli accadimenti e in maniera così evidente ed esplicita con i meccanismi di propagazione di contenuti falsi. E con una supposta capacità di penetrazione di tali contenuti negli orientamenti dei pubblici a causa di un sistema dei media ibrido in cui legacy media e media online sono sempre più intrecciati. Ci troviamo, infatti, in un'epoca in cui quasi la metà dei consumatori di news ricerca e condivide informazioni da fonti online [Mitchell *et al.* 2016] e in cui le false informazioni possono raggiungere in modo rapido audience sempre più ampie [van der Linden *et al.* 2017]. Il tutto all'interno di un ecosistema mediale che vede i media generalisti farsi parte attiva del circuito di produzione e propagazione di disinformazione.

1.2. *Informazione tossica e inquinamento del dibattito pubblico*

La discussione su una proliferazione di notizie false nell'arena informativa della politica [Allcott e Gentzkow 2017; Groshek e Koc-Michalska 2017], i meccanismi retorici e mediali di riproduzione di un contesto di post-verità, l'apporto determinante delle piattaforme alla diffusione di contenuti che inquinano il dibattito pubblico [Giglietto *et al.* 2020; Mustafaraj e Metaxas 2017; Shao *et al.* 2018], i meccanismi di propaganda computazionale messi in campo durante gli appuntamenti elettorali sono tutti elementi improvvisamente balzati al centro della riflessione degli analisti, siano essi ricercatori, intellettuali o giornalisti. E si tratta di elementi che sono stati utilizzati per indicare i possibili responsabili degli effetti di una trasformazione tossica del dibattito pubblico che rischierebbe di inquinare la democrazia. Il rapporto tra politica, media e dibattito pubblico ha infatti, in senso astratto, al suo centro la qualità dell'informazione che circola in un paese e, più concretamente, le forme che essa assume nella sua diffusione e le dinamiche che la strutturano.

Il problema, dunque, che oggi affrontiamo relativamente al campo informativo viene definito attorno a tre questioni correlate fra loro [Born ed Edgington 2017] e che circoscrivono il perimetro di quella che rappresenta una possibile distorsione informativa nel dibattito pubblico, capace di introdurre livelli di tossicità nell'*information landscape*. La prima questione è relativa a una supposta crescita di disinformazione, cioè al fatto che vengano *deliberatamente* condivise notizie false. È un campo che contiene anche le *fake news*, cioè la diffusione intenzionale di false informazioni sotto forma di notizia. La seconda riguarda la misinformazione, cioè la propagazione *involontaria* di notizie false o fuorvianti, e indica un campo caratterizzato da un comportamento non intenzionale nel far circolare falsi contenuti e da una inconsapevolezza relativamente alla non affidabilità dell'informazione fruita. Come si può intuire, la distinzione fra questi due campi è problematica sul lato degli attori perché rimanda all'intenzionalità e al punto di vista di chi produce, mette in circolo, condivide e consuma informazioni [Giglietto *et al.* 2019], contemplando anche il caso di chi «non sa di non sapere». Io posso produrre volontariamente falsi contenuti politici, posso condividere una falsa informazione non sapendo a tale fruire intenzionalmente di false informazioni, mettere in circolo false informazioni senza farmi troppe domande ecc. La misinformazione ha quindi a che fare con la realtà della diffusione di un contenuto informativo che nei differenti passaggi tra produzione e condivisione può riferirsi a intenzionalità diverse, ma che può generare, al di là delle intenzioni, un effetto cumulativo in termini di propagazione di una falsa informazione che può finire per produrre elementi di distorsione nel dibattito pubblico. Una terza questione è, infine, costituita dalla propaganda, che definisce un campo in cui l'informazione si basa su elementi corretti ma viene organizzata e confezionata in modo tale da raccogliere un consenso pubblico principalmente da una propria audience partigiana, discreditando i punti di vista opposti.

In tal senso, l'ambito che oggi chiamiamo *fake news* va ricondotto al più ampio contesto dell'informazione e delle sue forme di distorsione e richiede, quindi, di approssimarci ad esso non focalizzando la nostra attenzione, almeno per il momento, sulle piattaforme online, poiché non si tratta di un fenomeno nuovo. Anche se l'espressione *fake news* è balzata agli onori della cronaca nel 2016 ed è stata immediatamente ricondotta all'attuale sistema mediale ibrido, in particolare facendo riferimento ai meccanismi di diffusione informativa delle piattaforme, ci troviamo di fronte a una tematica che ha radici più profonde nella storia dei media e dell'editoria. Per analizzarla, vale la pena tornare a fine Ottocento, quando il giornalista J.B. Montgomery-M'Govern [1898] firmava sull'influente magazine «Arena» un articolo che descriveva le «fake newspaper articles» e il «fake journalism» come una pratica consolidata utilizzata da agenzie di stampa e organizzazioni giornalistiche per fornire storie sensazionalistiche a quasi tutti i «Sunday Papers» metropolitani e a molti dei quotidiani americani. Si trattava di storie che erano completamente false e che potevano trarre in inganno un pubblico ignorante o ignaro. L'uso di «bufale» interessanti e divertenti, falsi fatti capaci di stupire il lettore, notizie scandalistiche montate ad arte costituisce, dunque, un peccato originale degli albori del giornalismo americano moderno. Non solo le agenzie di stampa, anche gli editori sfruttavano questo tipo di notizie per competere nel mercato dell'attenzione dell'epoca. L'influente William Randolph Hearst, politico statunitense ed editore del «New York Journal», attraverso il suo giornale incolpava gli spagnoli dell'esplosione della corazzata USS Maine alla fonda nel porto dell'Avana, contribuendo all'entrata in guerra degli Stati Uniti con la Spagna nel 1897. Una conseguenza che non poterono evitare neanche le testate concorrenti, come il «New York Evening News», che avevano lamentato al tempo una «grave falsa rappresentazione dei fatti» e una «invenzione deliberata di racconti calcolati per eccitare il pubblico» [McCaffrey 2009, 6]. Nel nuovo secolo, invece, tra le notizie false con maggiori ricadute in termini di effetti c'è indubbiamente la storia delle presunte armi di distruzione di massa del dittatore iracheno Saddam Hussein, che hanno giustificato la guerra del 2003 e che non furono mai trovate, pur continuando a giustificare per anni agli occhi dell'opinione pubblica i danni del conflitto. Come scrive il giornalista Alberto Negri l'arsenale di Saddam era materia di articoli quasi quotidiani. Eravamo inondati da centinaia di pagine di rapporti del dipartimento di Stato, del Pentagono, di *think tank* USA e britannici. Faldoni enormi, densi di dati e di riferimenti: per sfogliarli ogni giornalista all'epoca spese intere settimane [Negri 2017, 1].

Sul versante degli effetti sul pubblico, anche molti anni dopo la messa in discussione della falsa informazione, ampie percentuali tra i repubblicani americani restano convinte dell'esistenza di armi di distruzione di massa in Iraq.

In breve, la costruzione e diffusione di notizie false sembrano essere connaturate alle dinamiche del mondo dell'informazione e costituiscono una sorta di peccato originale del dibattito pubblico che trova nello sviluppo tecnologico – era il telegrafo nel XIX secolo, sono gli algoritmi dei social media oggi – terreno fertile per nuove possibilità di produzione, diffusione e consumo, con fini manipolatori o meno. Ma, più in generale, sono «parte di una storia lunga e complicata e gettano luce su una varietà di dinamiche sociali, economiche, culturali, tecnologiche e politiche che non potranno essere affrontate con soluzioni semplicistiche» [boyd 2017]. Per questo motivo, trattare le *fake news* contemporanee nell'ambito del dibattito pubblico significa ricondurle ai meccanismi di produzione, circolazione e consumo propri della logica del mercato dell'informazione, considerarle una realtà che quindi ha a che fare con il più generale ecosistema mediale, e tenere conto di come le variabili sociali e culturali, politiche ed economiche, siano alla base delle ragioni che portano alla produzione di un disordine informativo che può rivelarsi tossico.

2. *Il disordine informativo tra misinformazione, disinformazione e malinformazione*

Per comprendere la rilevanza di ciò che viene definito oggi *fake news* occorre cominciare a districare la complessità di sfumature sintetizzate nel termine, facendo riferimento alle concrete pratiche di costruzione e condivisione di notizie false o fuorvianti, come suggerito dall'analisi di Claire Wardle e Hossein Derakhshan [2017] nel report predisposto per il Consiglio europeo[2], riprendendo le que-

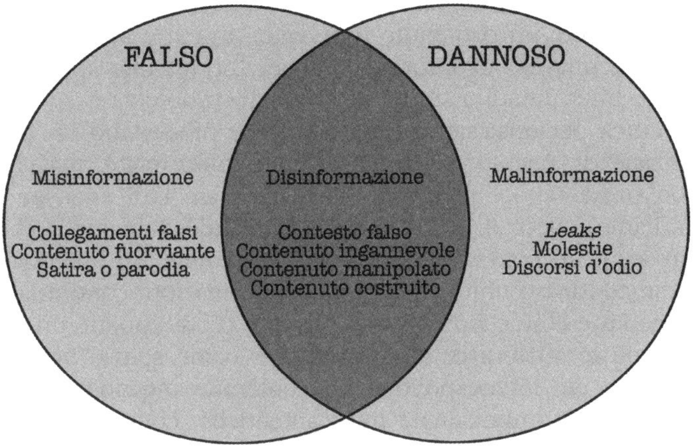

FIG. 1. Distorsione informativa.
Fonte: Adattamento da Wardle e Derakhshan [2017, 5].

stioni che abbiamo discusso nel paragrafo precedente e introducendo il tema per approfondirle in un quadro interpretativo più efficace.

Gli autori introducono un framework interpretativo utile per analizzare il più ampio disordine informativo distinguendo tra *misinformazione*, *disinformazione* e *malinformazione*, adottando come chiave di lettura l'intenzionalità degli attori rispetto alle dimensioni di danno e falsità. La *misinformazione* si verifica quando vengono condivise informazioni false ma senza l'intenzione di causare un danno, la *disinformazione* quando vengono condivise informazioni false in modo consapevole al fine di causare danni e la *malinformazione* quando vengono condivise informazioni autentiche con il fine di produrre un danno, ad esempio riportando elementi del privato sulla scena pubblica. Occorre poi tenere conto delle caratteristiche specifiche del messaggio che viene condiviso, così come degli attori coinvolti, per quanto riguarda sia la produzione del messaggio, sia la sua messa in circolazione e condivisione, e, infine, nonché delle intenzioni e motivazioni di tali attori.

Possiamo parlare quindi di *misinformazione* quando abbiamo a che fare con: collegamenti falsi nei contenuti, in cui ad esempio titoli, immagini o didascalie non supportano il contenuto; un contenuto fuorviante, in cui è presente un uso ingannevole di informazioni per fornire uno specifico frame interpretativo su un determinato problema o su una specifica persona; satira e parodia, che presentano un potenziale di inganno se vengono male interpretate, ma che non presentano l'intenzione di manipolare l'informazione. Parliamo invece di *disinformazione* quando abbiamo a che fare con: un contesto falso, in cui un contenuto autentico viene condiviso unitamente a false informazioni contestuali, come ad esempio un'immagine reale a cui si appone un testo che le attribuisce altri significati, come spesso accade nel caso dei meme politici; un contenuto ingannevole, in cui vengono impersonate fonti autentiche, come ad esempio in siti web che simulano testate editoriali; un contenuto manipolato, in cui immagini e/o informazioni autentiche vengono manipolate al fine di ingannare; un contenuto costruito, in cui l'informazione presentata è completamente falsa ed è progettata per ingannare e danneggiare, come nei casi più recenti di *deep fake* politico in cui viene sovrapposto, tramite software, il volto di un politico a una sequenza video in modo da fargli pronunciare parole o compiere atti che non gli appartengono. Per *malinformazione* intendiamo, invece, un'informazione veritiera che viene però utilizzata per nuocere, ad esempio portando informazioni del retroscena nella scena pubblica, come nel caso della pratica dei *leaks*. Oppure diffondendo discorsi d'odio, che innalzano il tasso di tossicità degli ambienti comunicativi; utilizzando caratteristiche di appartenenza, quali la religione, contro le persone; o anche ricorrendo a minacce di violenza, insulti, messaggi offensivi e dispregiativi, immagini con contenuti sessuali, commenti discriminatori e umilianti, prese in giro e attacchi dovuti all'aspetto fisico (*body shaming*) che spesso vediamo rivolti, soprattutto online, ai politici.

2.1. *Notizie ingannevoli «by design»: una prospettiva costruttivista*

Come si può vedere da questo schema interpretativo, parlare genericamente di *fake news* rappresenta una semplificazione che aiuta poco sia sul piano analitico sia per distinguere pratiche relative alla produzione e alla circolazione della cattiva informazione. Si tratta infatti di pratiche che hanno obiettivi diversi, pur partecipando a costruire un medesimo contesto di disordine informativo. Abbiamo finito per utilizzare anche nella lingua italiana l'espressione *fake news*, a valle dell'uso giornalistico e dell'iperutilizzo che ne viene fatto a partire dal 2016, per definire una realtà molteplice e complessa che contiene tipologie diverse di misinformazione e disinformazione, così come forme di propaganda, utili a discreditare l'avversario o le sue idee. Nel farlo è stato spesso puntato il dito sul tema della «verità» – e di converso su quello della falsità – della notizia, consentendo anche un uso paradossale dell'espressione per indicare come *fake news* qualcosa che non corrisponde alla propria idea di «verità». È Trump a fornirci un esempio che è stato a lungo sotto gli occhi dell'opinione pubblica, quando usava la frase «You are fake news» per definire notizie che non gli piacevano e screditare i media che le riportavano, oppure per inveire contro i giornalisti che gli ponevano determinate questioni sgradite.

Se però puntiamo eccessivamente l'attenzione sulla «falsità» come essenza di questo tipo di news rischiamo di mettere sullo stesso piano forme e modalità molto diverse (si va da notizie volutamente false a quelle fuorvianti, alla satira) e di trattarle tutte come (quasi) equivalenti nell'inquinare il dibattito pubblico. Il rischio è cioè di mettere sullo stesso piano una notizia prodotta a fini manipolatori e diffusa su un sito online partigiano, come ad esempio alcune notizie veicolate da «Breitbart News» che hanno accompagnato la campagna politica di supporto a Trump nel 2016, news condivise dal sito satirico italiano Lercio.it o alcuni contenuti come quelli pubblicitari di una campagna politica che forniscono frame partigiani cui aderire.

Occorre invece, a nostro avviso, assumere una prospettiva costruttivista che aiuti a minimizzare l'attenzione per la forma specifica assunta da questi contenuti disinformativi (cioè: essere presentati come notizie ed essere falsi) e a concentrarsi sui possibili effetti prodotti nel dibattito pubblico dalla loro circolazione. Da questo punto di vista, un contenuto satirico può certamente essere frainteso da un certo tipo di audience che, ad esempio, non distingue un sito parodistico da uno di news. Ma anche se questo pone questioni relative alla *media literacy* non possiamo dare per scontato che produca inquinamento nel dibattito pubblico. Allo stesso modo, occorre tener conto di come talvolta la produzione di notizie false non muova dall'intenzione di produrre un consenso relativamente a una certa parte politica anche se, nei fatti, finisce per generare un effetto di amplificazione di comportamenti partigiani. Ad esempio, durante la corsa alle presidenziali americane del 2016, un gruppo di adolescenti residenti nella Repubblica di Macedonia ha creato dei siti web che diffondevano notizie false su Hillary Clinton (come WorldPoliticus.com, USConservativeToday.com o USADailyPolitics.com), il cui obiettivo principale era quello di generare *clickbait* tra utenti repubblicani americani, associando la visualizzazione degli articoli ad annunci pubblicitari online [Silverman e Alexander 2016]. In tal senso la presenza o meno di motivazioni ideologiche nella produzione di false news finisce per produrre conseguenze che possono avere comunque un impatto politico.

La diffusione di tecnologie digitali e l'uso generalizzato dei social media hanno allargato la schiera di attori che possono creare notizie false e fuorvianti in una molteplicità di forme (testi, video, fotografie, meme, GIF animati, infografiche ecc.) e diffonderle con relativa semplicità a pubblici mirati o indifferenziati. In questo scenario, inoltre, i motori di ricerca e i social media hanno assunto il ruolo di snodi informativi, quando non di veri e propri *gatekeepers*, che alimentano le dinamiche di diffusione e le accelerano secondo forme inedite per il sistema dei media tradizionali.

In conclusione, quando parliamo di disinformazione nel contesto del dibattito pubblico parliamo di contenuti deliberatamente falsi o ingannevoli che vengono presentati con il format di una notizia e che sono ingannevoli *by design*, come sostiene Axel Gelfert [2018]. Dire che sono ingannevoli *by design* significa confrontarsi con un sistema dell'informazione contemporaneo in cui cresce la permeabilità tra fonti online e offline, tra media tradizionali e social media, in cui la diffusione di notizie nel digitale spesso elimina il contesto di riferimento delle stesse e in cui i pubblici hanno familiarità con una forma specifica dei contenuti che rende simili contenuti provenienti da fonti giornalistiche autorevoli e amatoriali, come ad esempio la forma del post nei social media. In sintesi «ciò che rende le *fake news* contemporanee un fenomeno nuovo, e gli conferisce significato, è la misura in cui le caratteristiche sistemiche inerenti al *design* delle fonti e dei canali attraverso i quali vengono diffuse le *fake news* ne assicurano la proliferazione» [*ibidem*, 111]. Ma, più in generale, ciò che favorisce la produzione, la circolazione e il consumo di notizie false nel sistema dell'informazione ha a che fare con alcuni cambiamenti strutturali dell'ecosistema mediale, della cultura e dei modelli di business editoriali e della cultura politica: la crisi dei legacy media che hanno perso in modo crescente pubblico – pubblico sempre meno disposto a pagare per notizie che può trovare gratuitamente online –, a cui si associa una crescita di sfiducia degli elettori nei media tradizionali [Brenan 2020]; la velocità assunta dal ciclo delle notizie che prevede un ritmo di produzione più serrato, assottigliando le tempistiche di verifica delle fonti nel sistema dell'editoria e aumentando il bisogno di consumo di sempre nuovi contenuti informativi che porta i pubblici a muoversi con disinvoltura nell'abbondanza di canali; la rapida circolazione di misinformazione e disinformazione tramite i contenuti generati dagli utenti e lo sviluppo di strategie di propaganda online [Giglietto *et al.* 2020]; la dimensione sempre più emotiva del discorso politico pubblico e la natura affettiva delle piattaforme online [Boccia Artieri e Farci 2020]; infine il numero crescente di persone che sfruttano economicamente le logiche degli algoritmi usati dalle piattaforme dei social media e dai motori di ricerca.

È all'interno di questo contesto sistemico dell'informazione che possiamo meglio interpretare la problematicità della disinformazione per il dibattito pubblico. Le democrazie liberali si confrontano infatti oggi con un ambiente comunicativo della politica che ha espanso la presa di parola di soggetti istituzionali e non, e che valorizza strategicamente la circolazione di contenuti politici tra media online e mainstream. Da questo punto di vista, come evidenziano Vian Bakir e Andrew McStay [2018], la situazione delle notizie false è socialmente e democraticamente problematica su diversi fronti. In primo luogo, nella produzione di cittadini informati in modo errato, attraverso la circolazione di falsità che assumono la forma e il valore di notizia inquinando l'ambiente informativo complessivo. In secondo luogo, la natura provocatoria nella forma e nei toni della disinformazione porta i cittadini a un antagonismo emotivo, fondato su meccanismi di indignazione che finiscono per strutturare adesioni a una visione delle cose di stampo partigiano. E questo crea un contesto per il dibattito pubblico che rischia di polarizzarsi nella versione più estrema del «noi contro loro». In particolare, i social media offrono alla comunicazione politica un ambiente in cui, da una parte, viene agevolata la circolazione delle idee, così come l'espressione di punti di vista e rimostranze che sono sistematicamente sottorappresentate, e, dall'altra, vengono resi visibili quei comportamenti e atteggiamenti sociali che possono minare il modo di costruire il tessuto relazionale che è alla base della tolleranza e della fiducia reciproca [Chadwick e Vaccari 2019].

3. *La responsabilità dei media mainstream nella circolazione della disinformazione*

Le diverse ricerche che affrontano il tema della diffusione della disinformazione sottolineano il ruolo centrale che il web e i social media hanno nel determinare questo stato delle cose. Anche se a dire il vero, spesso, entrando nel merito delle ricerche, scopriamo che il consumo di disinformazione online riguarda nicchie di pubblico o parti limitate della popolazione. Una recente ricerca su un campione rappresentativo del consumo mediale della popolazione statunitense [Allen *et al.* 2020] evidenzia come il consumo di news sia in prevalenza di stampo televisivo (cinque volte maggiore rispetto a quello online) e che le notizie false pesano lo 0,15% nella dieta mediale di un americano. Inoltre, la maggior parte della ricerca si concentra sugli effetti della disinformazione, riguarda cioè gli atteggiamenti e le opinioni delle persone, e si occupa meno delle ragioni della produzione e della diffusione di questi contenuti.

Questo significa che per capire la portata reale del fenomeno occorre tener ancora una volta conto dell'effetto di sistema che si genera tra contenuti online e contenuti dei media mainstream e confrontarsi con le modalità che portano i mass media a mettere in contatto una più larga parte della popolazione con la disinformazione. I media mainstream portano a una sovraesposizione delle *fake news* per diversi motivi che hanno a che fare con lo specifico delle dinamiche editoriali, con le routine giornalistiche e con le norme e i valori del giornalismo come professione [Tsfati *et al.* 2020].

Innanzitutto, nell'ultimo decennio gli organi di informazione hanno monitorato con costanza la realtà online servendosene come fonte o risorsa per temi da trattare: pensiamo a come tweet o post su Facebook di politici vengano utilizzati quali dichiarazioni capaci di restituire la temperatura del dibattito pubblico su un tema o una controversia, oppure pensiamo a come *trending topics* o specifici hashtag finiscano per portare a trattare sui legacy media un argomento o una presa di parola online di specifici gruppi. Tra questi contenuti sotto osservazione troviamo le storie false che assumono una particolare rilevanza in termini di circolazione e visibilità online, così da essere sottoposte a verifica e venire trattate in quanto news – poiché il loro valore di notizia è indubitabile per le logiche dell'informazione – con l'obiettivo di segnalare il fenomeno e smentirlo. Tale aspetto è, da una parte, cresciuto con l'attenzione che i media mainstream hanno dato negli ultimi anni al fenomeno *fake news* come oggetto di giornalismo e quindi con un aumento di consapevolezza nella comunità giornalistica che esse rappresentino un problema cui porre rimedio, nonché una tematica da considerare nell'ambito dell'etica della professione, rendendola una priorità. Dall'altra, questa propensione a verificare e smentire è parte della cultura professionale del giornalismo, tesa alla ricerca della verità e a fornire al pubblico degli elementi di giudizio utili a una deliberazione consapevole per lo sviluppo di una società democratica. Correggere la manipolazione e la disinformazione è visto in tal senso come un imperativo etico della professione che si pone come obiettivo questa pulizia morale della sfera pubblica, anche a discapito del fatto che, come diverse ricerche indicano [Guess *et al.* 2019], probabilmente il numero di persone esposte a questo tipo di notizie è esiguo e il tentativo di correggerle non fa che aumentarne la diffusione ad altre cerchie di pubblici.

Ciò che si produce è quindi una sorta di effetto paradossale che nel tentativo di ridurre l'inquinamento informativo della sfera pubblica finisce involontariamente per espanderlo. Alcune ricerche [Walter e Murphy 2018] mostrano come la correzione di mis- e disinformazione sia poco efficace quando le false notizie sono attribuite a fonti credibili, quali i media tradizionali, e quando sono circolate in modo significativo prima di venire smentite, in particolare se è passato del tempo tra la circolazione della notizia falsa e la sua smentita. È da questo punto di vista è comprensibile che le modalità di rapida diffusione dei contenuti online, in particolare sui social media, aumentino le possibilità di un gap tra la circolazione del contenuto disinformativo e la sua smentita, sia sul piano temporale che nella possibilità di raggiungimento dei pubblici.

Più in generale, le operazioni di *fact cheking* si scontrano poi con i convincimenti delle persone e con le loro visioni del mondo, faticando a far loro cambiare idea anche a fronte di notizie fuorvianti o false. La resistenza alla correzione della disinformazione è parte del più generale assetto cognitivo che rende difficile l'eliminazione dei modelli mentali che le persone si sono costruite [Anderson, Lepper e Ross 1980]. A questo va aggiunto il fatto che la fiducia nei media mainstream da parte della popolazione dei diversi paesi ha raggiunto livelli progressivamente sempre più bassi. A leggere i dati Statista (2020)[3], se paesi come l'Italia o gli Stati Uniti hanno una quota di adulti che si fidano dei news media per la maggior parte del tempo pari al 29%, paesi come la Finlandia o il Portogallo che si trovano in cima alla classifica raggiungono il 59%, dato che mostra comunque una cospicua quota di popolazione tutto diffidente. L'assommarsi degli effetti di resilienza cognitiva e di sfiducia nei media rende evidente le difficoltà nel contrastare la diffusione di notizie false.

3.1. *Cittadini resilienti alla disinformazione*

Il tema della resilienza può però essere osservato abbandonando il piano dei singoli individui e abbracciando un livello sistemico che consenta di confrontare la propensione alla diffusione e al consumo di disinformazione da parte dei diversi paesi. Edda Humprecht, Frank Esser e Peter van Aelst [2020] evidenziano come le ricerche mostrino che in paesi come Stati Uniti, Spagna e Grecia i cittadini indicano di essere particolarmente esposti alla disinformazione online, mentre diversi paesi dell'Europa occidentale e settentrionale (quali Germania, Danimarca e Paesi Bassi) segnalano bassi livelli di esposizione alla disinformazione e cittadini meno propensi alla condivisione di disinformazione online. In tal senso è possibile ipotizzare che esistano caratteristiche strutturali nei diversi paesi che agiscono come elementi di differenziazione e gli autori propongono un modello in cui individuano caratteristiche di macrolivello di natura politica, economica e mediale capaci di spiegare le differenze relative all'esposizione e alla diffusione della disinformazione online.

Dal punto di vista dell'ambiente politico, ciò che limita la resilienza è innanzitutto il livello di polarizzazione della società (si veda cap. IV), laddove si evidenzino cioè atteggiamenti di partigianeria politica che portano a dividersi ideologicamente circa l'interpretazione e la rappresentazione dei fatti. Questo può essere dovuto sia alla spinta del sistema elettorale che porta a dividere in modo netto gli schieramenti (si veda ad esempio quello statunitense), sia a ragioni storiche che hanno strutturato specifici atteggiamenti partigiani (si pensi a una realtà come quella italiana), sia a una polarizzazione di natura più emotiva che rimanda a una dimensione meno razionale di credenze (si pensi all'essere vaccinisti o antivaccinisti). Un secondo aspetto politico è correlato al populismo e alle sue forme di comunicazione che producono delle narrative del tipo noi/loro – anche attraverso l'uso di informazioni false e fuorvianti – che hanno la funzione di radicalizzare l'identificazione e di screditare la parte avversaria. Troviamo su questo versante la presenza di retoriche antielitarie, l'uso di teorie cospiratorie che rimandano ai «poteri forti» e a una generalizzata sfiducia per la figura degli esperti.

Per quanto riguarda la dimensione del mercato dell'informazione, la relazione tra ampiezza del mercato delle audience, raccolta pubblicitaria nei media e modelli di business, in particolare delle piattaforme, rischiano di generare un ambiente sensibile alla produzione di contenuti mordi-e-fuggi e ad alto impatto emotivo, quali spesso sono quelli disinformativi. Contenuti capaci cioè di generare attrattività in termini di click e che, in particolare per gli editori più piccoli, portano a muoversi ai margini dell'etica dell'informazione a vantaggio di una più veloce monetizzazione. Un ulteriore elemento è rappresentato dall'ampiezza del pubblico dei social media, poiché molte ricerche ritengono che si tratti di un ambiente particolarmente fertile per la diffusione di voci partigiane e, quindi, con il rischio più elevato di immettere nel dibattito pubblico contenuti fuorvianti ed elementi di falsità. Una dieta mediale, inoltre, composta principalmente da informazioni dovute ai social media è meno ricca di elementi conoscitivi relativi alla cosa pubblica e quindi più povera in termini di conoscenza politica per la cittadinanza.

Dal punto di vista mediale, un livello elevato di sfiducia nelle testate informative professionali comporta pratiche di informazione della popolazione che saranno poco orientate alla consultazione di una molteplicità di fonti e quindi all'esposizione a un pensiero critico, e più propense a un livello maggiore di ricerca fai-da-te di notizie da fonti online considerate più vicine ai propri interessi e convincimenti. Allo stesso modo le ricerche evidenziano come un livello minore di resilienza sia presente in quei paesi in cui il sistema pubblico dei media risulti più debole, dove cioè non si generi una concorrenza fra pubblico e privato che incentivi quest'ultimo a creare contenuti originali e di qualità, poiché «questa corsa verso l'alto aumenta la qualità complessiva e genera una cittadinanza informata» [*ibidem*, 8]. Un ultimo elemento relativo all'ambiente mediale che gioca negativamente è dovuto alla frammentazione delle fonti informative e dei rispettivi pubblici che la digitalizzazione e la diversificazione all'interno dell'ecosistema mediale hanno generato. In pratica, in quei paesi in cui esiste una distribuzione delle audience su una pluralità di fonti informative, con realtà mediali anche molto periferiche, sarà più alta la probabilità di accedere a contenuti disinformativi rispetto a società in cui troviamo una centralità nel consumo dell'informazione da parte di vasti pubblici che si riferiscono a fonti accreditate e con alta reputazione, siano esse offline o online.

In sintesi questi autori evidenziano come

> bassi livelli di comunicazione populista, bassi livelli di polarizzazione sociale, alti livelli di fiducia nei mezzi di informazione, un forte servizio pubblico, alti livelli di utilizzo di media condivisi, mercati mediali di piccole dimensioni e livelli inferiori di utilizzo dei social media forniscono condizioni migliori per la resilienza e, allo stesso tempo, condizioni meno favorevoli per la diffusione e l'esposizione alla disinformazione online [*ibidem*, 9].

È a partire da questi indicatori che è possibile osservare come i diversi paesi possano essere collocati lungo una scala di resilienza alla disinformazione che vede nei livelli più elevati paesi come la Finlandia, la Danimarca, i Paesi Bassi e la Germania e nei livelli più bassi Spagna, Italia, Grecia e Stati Uniti.

Questo modo di affrontare in termini sistemici il tema della disinformazione ha il pregio di tenere insieme variabili strutturali che possono mutare nel tempo, dando vita a configurazioni diverse di resilienza, evitando di schiacciare il problema sul presente e di trattare in modo unitario quelle che sono differenze storico-sociali, di economia dei media e di cultura dell'informazione dei pubblici, che vanno prese nella loro evoluzione. Al contempo, definisce un contesto dinamico che evidenzia alcune leve macrosistemiche su cui le politiche pubbliche potrebbero agire in termini di *regulation* e di incentivi, oltre che attraverso programmi formativi che partano dalla consapevolezza di come una determinata cultura dell'informazione possa definire un campo di cittadinanza consapevole capace di innalzare il livello di democrazia del dibattito pubblico.

4. *Produttori e pubblici di informazione tossica*

Le ricerche sulla produzione di disinformazione si sono concentrate negli ultimi anni sull'individuazione di soggetti e gruppi che agiscono in maniera occulta e operano attraverso diverse pratiche online capaci di influenzare anche i media mainstream e quindi il più complesso circuito del dibattito pubblico. Si va dalle distorsioni del sistema informativo operate dal gruppo di giovani macedoni che durante la campagna elettorale americana del 2016 producevano contenuti pro Trump a fini economici, come abbiamo già raccontato, a quelle operate dalla «troll farm» russa Internet Research Agency (IRA). Qui diversi «operatori» interpretavano account fasulli su Twitter, Facebook, siti di quotidiani online e forum di discussione, alimentando spazi online con contenuti anche fasulli, attraverso argomenti e parole chiave concordate, con un alto turnover delle persone impiegate che, anche se guidate dagli interessi di propaganda della Russia a livello organizzativo, non erano probabilmente ideologicamente coinvolte nell'operazione. Nelle loro tattiche questi account condividevano molto spesso contenuti di testate locali e solo in minima parte notizie false, in modo tale da accreditarsi nel circuito informativo complessivo impersonando profili statunitensi ideologicamente a sostegno del proprio paese [Yin *et al.* 2018]. Vi sono inoltre gruppi di produttori di disinformazione che sono meno identificabili dal punto di vista territoriale e con strutture organizzative più lasche, che si confrontano all'interno di spazi conversazionali anonimi. Come quelli di 8chan e 4chan o su blog e siti ideologici che promuovono teorie complottiste attraverso reti e rimandi reciproci e che sono capaci di coinvolgere in modo inconsapevole attraverso i social media pubblici più allargati nella diffusione dei contenuti. Spesso manipolando anche i media tradizionali nella circuitazione dell'informazione proponendo temi e punti di vista ai giornalisti, come quelle comunità che promuovono l'estremismo di destra [Marwick e Lewis 2017]. Si tratta di attori che operano in un mix tra motivazioni ideologiche, fini economici e dinamiche di divertimento, traendo soddisfazione dalla manipolazione del sistema ufficiale dei media.

In sintesi, il campo di ricerche sull'ambito della produzione e della circolazione di notizie false suggerisce l'esistenza di un numero relativamente contenuto di account – tra attori umani e bot – che si muovono principalmente attraverso i social media al fine di sfruttare il grafo sociale di connessione tra le persone, guidando una quota sproporzionata di attività di coinvolgimento e divulgazione, sovraesponendo particolari notizie, posizioni e idee che finiscono, per le ragioni evidenziate nel paragrafo 3, per divenire parte del circuito più istituzionale della comunicazione. Tali ricerche al momento non stanno che cominciando ad esplorare quegli ambiti della condivisione dell'informazione che sono meno visibili e più sfuggenti, fatti di gruppi privati, piattaforme chiuse e contenuti effimeri [Boccia Artieri, Brilli e Zurovac 2021] – gruppi chiusi su Facebook, scambi su WhatsApp, canali Telegram, Storie su Instagram e Snapchat –, ambiti che rappresentano invece una parte essenziale sia dei modi di costruire specifici contenuti disinformativi, sia della circolazione non pubblica di questi – quindi spesso invisibili anche ai ricercatori per l'impossibilità di raccogliere e osservarne i dati – ma che contribuiscono a minare la fiducia e diffondere un clima di cinismo nel dibattito pubblico.

4.1. *Cosa porta a credere a notizie false*

Ma cosa porta a credere a notizie false? Innanzitutto, per rispondere a questa domanda dobbiamo fare riferimento alle dinamiche relative al consumo dell'informazione politica, confrontando il tema della disinformazione con la teoria della dissonanza cognitiva che indica la propensione delle persone a non credere a notizie con contenuto politico che mettono in discussione le proprie convinzioni politiche. In tal senso, notizie che sono coerenti con la propria visione del mondo e con i propri valori vengono più facilmente ritenute corrette, mentre si sottovaluta l'accuratezza di notizie che non sono coerenti con i propri orientamenti politici. Di conseguenza le persone tenderanno a sopravvalutare le notizie politiche sia vere sia false che coincidono con i loro atteggiamenti politici. Da questo punto di vista gli studi più recenti [Pennycook e Rand 2019] evidenziano però come l'atteggiamento politico non sia sufficiente a spiegare l'adesione delle persone a notizie false ma che una suscettibilità a tali notizie sia guidata da una pigrizia del pensiero e non solo da pregiudizi di per sé partigiani. In pratica «le evidenze scientifiche mostrano che le persone cascano nelle notizie false perché non pensano; non perché pensano in modo motivato o per proteggere la propria identità» [*ibidem*, 47], e che quindi l'abitudine a una velocità del pensiero nella lettura delle notizie, a cogliere intuitivamente le informazioni, come nell'attuale ecosistema mediale che si fonda sulla sovrabbondanza informativa e su un ritmo incessante di nuove informazioni, porta più facilmente a cadere vittima di notizie false e fuorvianti anche a partire dalla propria partigianeria; ma un atteggiamento di parte non è l'unica variabile in gioco.

A questo occorre aggiungere che il livello di interesse per la notizia da parte del lettore e la sua competenza mediale sono variabili che hanno influenza sull'intenzione di condividere false notizie. Quando, infatti, l'interesse per il contenuto del messaggio è alto, l'intenzione di condividere online informazioni non verificate o false è maggiore, inoltre, un livello più elevato di alfabetizzazione digitale implica una intenzione minore di condividere informazioni non verificate o false [González-Cabrera *et al.* 2019]. In definitiva la letteratura indica che una via alla crescita di alfabetizzazione ai media e a una lettura critica abbia una funzione di resilienza rispetto alla costruzione di un ambiente tossico del dibattito pubblico.

Infine, a partire da queste evidenze, studi recenti hanno indagato come un'elaborazione emotiva sia associata positivamente al credere a notizie false [Martel, Pennycook e Rand 2020]. In pratica, indurre una maggiore dipendenza dalle emozioni, come ad esempio attraverso contenuti visivi forti o attraverso argomentazioni capaci di parlare alla «pancia» dell'elettorato, aumenta la propensione a credere a false news e l'innalzamento dell'emotività del pensiero ostacola un discernimento della verità nei media. Le persone che credono alle *fake news* non sembrano quindi affidarsi solo e tanto a motivazioni ideologiche che le giustifichino quanto a un pensiero intuitivo dettato da un atteggiamento emotivo, perciò «se il pensiero emotivo e non deliberativo si traduce in una maggiore credenza nelle notizie false, la misura in cui le piattaforme di social media influenzano le persone a pensare emotivamente anziché razionalmente può contribuire al successo virale delle notizie false» [*ibidem*, 26].

Le ricerche svolte sui pubblici della disinformazione ci guidano quindi in un percorso che evidenzia come non siano sufficienti le credenze politiche di parte a giustificare la tossicità di un ambiente della comunicazione politica in cui la produzione di disinformazione, a detta degli osservatori, è cresciuta ma intervengono fattori non solo relativi alle competenze mediali e informative ma fattori di natura emotiva. Se sul versante negativo, cioè relativo al rischio di cadere nella trappola disinformativa, questo indica i rischi di manipolazione del dibattito pubblico, sul versante positivo, cioè di consapevolezza nel favorire la circolazione della disinformazione, ci porta a dover indagare maggiormente le finalità espressive dei pubblici dei contenuti fuorvianti della comunicazione politica.

4.2. *Perché si diffondono notizie false*

Esiste una correlazione quasi controintuitiva fra il livello di partecipazione politica e la diffusione di notizie false e fuorvianti, in particolare negli ambienti digitali. È evidente come l'impegno politico di per sé non renda le persone inclini alla disinformazione ma gli utenti che sono più partecipativi sembrano essere anche quelli più propensi a condividere affermazioni imprecise su affari di governo rispetto a coloro che sono meno impegnati politicamente [Valenzuela *et al.* 2019]. Più è alto l'interesse politico più le persone tenderanno a difendere le proprie posizioni al limite di diffondere informazioni imprecise o false per sostenere e giustificare le proprie argomentazioni: non ci credo ma è *vero*. I social media costituiscono strutturalmente un ambiente comunicativo che supporta e sospinge l'*engagement* come modalità stessa dello stare online, quindi agevolano le retoriche della partecipazione attraverso le affordance dell'ambiente stesso. Facilitano cioè la presa di posizione attraverso condivisione di contenuti, like ecc., e quindi, paradossalmente, è questo livello più elevato di partecipazione che può portare alla diffusione di disinformazione.

La circolazione di misinformazione e disinformazione sembra quindi essere correlata alla combinazione tra una risposta espressiva – anche a base emotiva – e la diffusione di forme partecipative che possono essere indirizzate negativamente nella costruzione di un dibattito pubblico.

4.3. *La democrazia alla prova della «dark participation»*

Diversi approcci relativi al tema della partecipazione democratica della cittadinanza stanno mettendo in discussione l'opzione ideologica del valore comunque positivo del cittadino che partecipa all'informazione, così come invece emergeva dalle riflessioni sul *citizen journalism* che esaltavano la partecipazione «dal basso» dei lettori, in particolare nella prima fase di diffusione di internet e dei social media. Si trattava di un'opzione che assumeva come presupposto un'equivalenza tra la diffusione delle forme di partecipazione nella comunicazione e la produzione di un cittadino attivo, impegnato nello sviluppo democratico. Dava cioè per scontato che partecipare all'informazione attraverso i commenti, la circolazione dei contenuti, oltre che la produzione dei contenuti stessi, fosse in sé e per sé il segnale di una maturazione della cittadinanza. Si tratta di approcci riconducibili a un'idea di una «internet coscienziosa» (*earnest internet*), come hanno definito Ashley Hedrick, Dave Karpf e Daniel Kreiss [2018] un atteggiamento negli studi della comunicazione che postula attori razionali e benintenzionati, orientati alla ricerca della verità e dell'autenticità. Thorsten Quandt [2018] evidenzia invece come oggi ci troviamo di fronte alla crescita di forme di «partecipazione oscura» (*dark participation*), in particolare nelle democrazie occidentali in cui si diffonde il populismo, che indicano la presenza nell'ambiente informativo di contributi negativi e malevoli riconducibili a vere e proprie strategie di manipolazione dell'informazione (come nell'imitazione di fonti attendibili al fine di diffondere false informazioni), a forme di *trolling* (che si annidano ad esempio nei commenti online delle notizie, nei forum di discussione o nei post di politici e cittadini influenti) o a campagne d'odio indirizzate a gruppi definiti dalla loro etnia, religione, genere ecc. La disinformazione diventa in tal senso parte di pratiche più ampie di *dark participation*, più o meno organizzate, che coinvolgono attività di singoli così come quelle di gruppi coordinati in modi più o meno espliciti, capaci di creare un più generale clima di tensione comunicativa nel dibattito pubblico, finendo per minare l'autorevolezza dei legacy media, delegittimare il discorso politico e istituzionale, e per alimentare la polarizzazione degli atteggiamenti:

> gli effetti di queste forme di partecipazione oscura possono essere lenti e indiretti [...] ma possono influenzare intere società così come audience specifiche. L'obiettivo potenziale è cambiare il sistema di riferimento di ciò che può e dovrebbe essere detto in una società, e la struttura di queste discussioni (cioè, a lungo termine, un cambiamento delle norme sociali) [*ibidem*, 43].

5. *La post-verità come scontro tra culture*

Come abbiamo visto lungo il capitolo, in questi anni abbiamo assistito alla tematizzazione pubblica delle *fake news* come uno dei nemici del dibattito pubblico, unitamente all'affermarsi, secondo gli osservatori delle culture democratiche e della comunicazione [Higgins 2016; Maddalena e Gili 2017], di una condizione più generale di post-verità. *Fake news* e post-verità sono entrambe indicatori di una tendenza delle persone a perseverare nel portare avanti una particolare credenza o un atteggiamento nel totale disprezzo o ignoranza nei confronti della realtà. L'incidenza crescente di «fatti alternativi» nell'arena pubblica e politica ha creato un presupposto critico per chi sia interessato al dibattito pubblico e al tema della democrazia deliberativa, poiché non è chiaro come il dibattito razionale possa procedere se le prove empiriche non riescono ad avere un valore persuasivo.

Tale incidenza nel dibattito pubblico ha innanzitutto a che fare con la trasformazione della cultura editoriale del giornalismo che ha visto crescere nel tempo un modello orientato alle opinioni più che all'informazione e alla produzione di un effetto paradossale dovuto alla norma del giornalismo imparziale. Come spiegano Maxwell e Jules Boykoff [2004] a proposito in uno studio relativo all'informazione che riguarda i cambiamenti climatici, testate di qualità come il «New York Times» o il «Wall Street Journal» hanno portato i loro lettori a una distorsione circa la verità scientifica sul tema, cioè l'effettività di un riscaldamento globale, generando ciò che definiscono un «pregiudizio informativo». La necessità di produrre un giornalismo equilibrato li ha infatti indotti a riportare, accanto alle dichiarazioni di scienziati, i punti di vista di soggetti interessati, portatori di verità alternative da mettere a confronto con quella della scienza ufficiale. In tal senso, spiegano i ricercatori, una minoranza scettica verso il riscaldamento globale ha visto amplificate le sue opinioni. Quello che si crea più in generale nell'atteggiamento dei media contemporanei è il rischio di una tendenza a raccontare entrambe le versioni di una storia, anche quando si tratta di verità fattuali, trasformando ciò che è una realtà in una controversia, dando cioè visibilità a contronarrazioni che sono false ma che comunque competono in un agone che finisce per essere più narrativo che informativo.

Ma le più profonde radici culturali e sociali di questo mutamento di prospettiva non sono nuove, mentre è nuovo il modo in cui sia la destra che i movimenti populisti hanno associato alla politica le forme tipiche del pensiero postmodernista: una relatività della verità, il fatto che la moralità sia soggettiva e che, a fronte della caduta delle «grandi narrazioni», tutte le narrazioni individuali che danno senso alle nostre vite siano da considerarsi ugualmente vere e degne di validazione. Diverse analisi [McIntyre 2018; Kakutani 2018] mostrano in tal senso come ci sia stata un'appropriazione, da parte di una critica di destra, di quella retorica postmoderna che originariamente apparteneva alla sinistra e che era promossa nel pensiero di diversi intellettuali, basti pensare al decostruzionismo di Jacques Derrida o alla realtà simulacrale e iperreale di Jean Baudrillard:

> questo non vuol dire che i post-modernisti sono completamente colpevoli di come le loro idee sono state utilizzate in modo improprio, anche se devono assumersi la responsabilità di aver minato l'idea che i fatti contano nella valutazione della realtà, e di non aver previsto i danni che ciò avrebbe potuto causare [McIntyre 2018, 106].

In realtà il pensiero postmoderno ha messo in luce un mutamento nel modo di produzione (e circolazione) della conoscenza all'interno della società dei consumi e caratterizzata da una centralità dei media, una vera e propria ondata culturale che è stata metabolizzata e assorbita dal trumpismo e dal populismo per essere giocata oggi in un campo diverso da quello usuale. Ma basta seguire le tracce – ben precedenti alle elezioni del 2016 e ai contenuti di disinformazione – della negazione di fatti scientifici relativi al fumo di sigarette, all'evoluzione, ai vaccini o ai cambiamenti climatici, per capire come la messa in dubbio della realtà corrisponda di fatto a una supremazia ideologica con cui chi la pratica cerca di costringere qualcuno a credere qualcosa in modo indipendente dalle prove. È questa volontà di supremazia che vediamo divenire oggi centrale, anche se non è nuova nella storia della cultura politica, ma è andata evidenziandosi con l'accesso di massa a internet e ai relativi cambiamenti sociali, così come col mutare di un sistema dell'informazione che è diventato molto più complesso nelle relazioni tra media mainstream e non mainstream, come abbiamo spiegato. È in questo campo che si gioca la possibilità di distorsione del dibattito pubblico, non necessariamente solo attraverso l'uso di notizie false.

Ad esempio, un'analisi svolta da ricercatori della City, University of London [Bastos e Mercea 2019] a proposito della Brexit ha individuato su Twitter una rete di oltre 13.000 account sospetti (una vera e propria botnet) che hanno twittato prevalentemente messaggi pro Brexit prima di essere eliminati o rimossi da Twitter durante il ballottaggio. La ricerca evidenzia, da una parte, come sia possibile costruire una strategia di comunicazione attraverso *political bots* capaci di diffondere specifici contenuti in tempi molto rapidi e con buona capacità di penetrazione all'interno di comunità online e, dall'altra, che il contenuto retwittato comprende notizie *hyperpartisan* generate dagli utenti che non sono notizie necessariamente false, unitamente ad altre che lo sono. In pratica questo lavoro mette al centro una delle dinamiche della post-verità che non ha a che fare necessariamente con la produzione e diffusione sistematica di contenuti falsi ma con il rischio di distorsione potenziale delle forme di comunicazione pubblica. La rapidità e la penetrazione di specifici contenuti online finiscono per amplificare il portato valoriale di determinate idee: l'associarsi di velocità e massa di utenti raggiunta sovradetermina il valore di una specifica notizia e delle issue ad essa collegate, amplifica i fenomeni, produce istantaneamente senso comune. Ed è spesso questo *common sense* a tracimare nei media generalisti e a diffondersi ulteriormente.

Un'altra ricerca sull'impatto della disinformazione nelle elezioni americane 2016 [Allcott e Gentzkow 2017] ha evidenziato come i social media fossero una fonte importante per il contesto elettorale solo per il 14% degli americani e che, a fronte di un'elevata condivisione di notizie false – quelle che favorivano Trump sono state condivise 30 milioni di volte su Facebook, mentre quelle che favorivano la Clinton 8 milioni di volte –, l'adulto medio americano ha visto solo una o poche notizie false e poco più di metà di coloro che ne hanno il ricordo ha dato loro credito. In pratica il peso delle online *fake news* nell'orientamento di voto non è chiaramente definibile con certezza, mentre ciò che è certo è che sia molto più probabile che le persone credano alle storie che favoriscono il loro candidato preferito, specialmente se hanno reti nei social media ideologicamente segregate.

Altre analisi [Guess, Nyhan e Reifler 2018] aggiungono elementi rilevanti, mostrando come 6 utenti su 10 tra coloro che visitano siti contenenti notizie false provengano da un 10% di popolazione che ha una dieta informativa online di orientamento conservatore. Quindi il tema più generale della dieta mediale diventa una questione centrale quando affrontiamo questo ambito. Piuttosto che concentrarsi su comportamenti unicamente online occorre tenere conto di una dieta informativa completa e complessa – quella di un sistema mediale dove legacy e social media sono interrelati – e contemplare i comportamenti informativi più complessi delle persone.

Se ci concentriamo sulle diete mediali e sulle pratiche di informazione delle persone, e se ci confrontiamo con il fatto che non esiste una correlazione diretta fra diffusione di false news e produzione di un tasso più elevato di disinformazione circolante, dobbiamo chiederci quale funzione assumano le cosiddette *fake news* nel sistema mediale contemporaneo e di cosa siano l'indicatore. Il fatto cioè che diventino un tema rilevante da trattare pubblicamente e su cui concentrare l'attenzione evidenzia una problematica precisa: che con la post-verità siamo di fronte a uno scontro culturale. Come spiega Cory Doctorow «non stiamo vivendo una crisi su ciò che è vero, stiamo vivendo una crisi su come sappiamo se qualcosa è vero. Non siamo in disaccordo sui fatti, siamo in disaccordo *sull'epistemologia*» [Doctorow 2017].

La post-verità è la declinazione cioè di un contesto culturale diverso da quello che caratterizza le tradizionali forme di contestazione e protesta, così come da quello in cui viene operata una sistematica falsificazione della realtà. E questo perché, da una parte, il principio di verità viene relegato in posizione secondaria rispetto alla dimensione emozionale e, dall'altra, la verità diviene un ambito per uno scontro culturale più profondo tra élite, comunità e diverse visioni del mondo. In questo senso anche la propagazione di una notizia falsa non ha tanto a che fare con il principio di realtà, quanto con il sostegno a un'appartenenza diversa, può fungere cioè *ad exemplum* delle proprie posizioni. Un post su Facebook che non solo rappresenta le posizioni di un utente ma le presenta in modo chiaro e inequivocabile – ad esempio un meme di denuncia –, non richiede verifica e se anche esiste la consapevolezza della sua falsità, non importa: la sua condivisione ha funzione espressiva rispetto, ad esempio, alla rabbia che si prova per uno specifico fatto, si tratti di corruzione, immigrazione o altro. La condivisione di un contenuto rappresenta così un atto di adesione a una visione del mondo o a un gruppo politico o sociale, costituisce un'affermazione identitaria in pubblico [Boccia Artieri *et al.* 2017]. Si tratta di comportamenti utili a marcare delle differenze rispetto ad altri gruppi sociali, che si fondano su un'attitudine partigiana che si può avere nei confronti della verità stessa – come quando la percezione soggettiva della presenza di immigrati da parte della popolazione non corrisponde alle statistiche ufficiali di un paese. La crescita di differenza di valori e atteggiamenti – pensiamo a quella fra globalisti e sovranisti – e l'aggravarsi di conflitti sociali producono universi culturali non solo distinti ma che confliggono tra loro. E l'esistenza di questi universi culturali è una sfida alla validità e legittimità degli altri. Le ragioni sociali di tale confliggere le spiega bene Robert K. Merton quando afferma che

> la coesistenza all'interno della stessa società di questi punti di vista e interpretazioni opposte conduce a una reciproca e attiva diffidenza tra gruppi. In un contesto di diffidenza, l'oggetto di indagine non è più il contenuto delle opinioni e delle affermazioni per determinare se esse siano valide o meno, non si confrontano più le opinioni con l'evidenza, ma ci si pone un'altra domanda: come avviene che siano asserite proprio queste opinioni? [Merton 2000, 840].

La post-verità ha a che fare quindi con una crisi di fiducia generalizzata nella politica così come nei media, nei corpi intermedi e nelle élite intellettuali, e rappresenta oggi un elemento di disturbo del dibattito pubblico che supera gli effetti specifici della disinformazione.

NOTE AL CAPITOLO TERZO

[1] Al riguardo, un articolo di Craig Silverman pubblicato sul sito di news BuzzFeed, il 16 novembre 2016, ha generato un acceso dibattito evidenziando come «Negli ultimi tre mesi della campagna presidenziale americana, le notizie fasulle su Facebook relative alle elezioni hanno generato un maggiore coinvolgimento rispetto alle notizie più importanti delle maggiori testate giornalistiche come il "New York Times", il "Washington Post", l'"Huffington Post", l'"NBC News e altri"» [Silverman 2016]. Delle 20 storie elettorali false o estremamente di parte,

tutte tranne tre erano apertamente pro Donald Trump o anti-Hillary Clinton. Due dei più rilevanti contenuti falsi erano una notizia che sosteneva che Hillary Clinton avesse venduto armi all'ISIS e una che dichiarava che il papa era pro Trump.

[2] Nel gennaio 2018, la Commissione europea ha dato vita a un High Level Expert Group on Fake News and Online Disinformation costituito da 39 membri provenienti da diversi paesi – giornalisti, accademici ed esperti. Essi hanno analizzato il tema finendo per cogliere la problematicità del termine stesso – tanto da non utilizzarlo all'interno del report finale [AA.VV. 2018] –, preferendogli quello di «disinformazione» per definire tutte le forme di informazione falsa, inaccurata e ingannevole promosse per produrre intenzionalmente danni pubblici o ottenere vantaggi.

[3] Accessibili in rete (https://www.statista.com/statistics/308468/importance-brand-journalist-creating-trust-news/).

CAPITOLO QUARTO

IL FENOMENO DELLA POLARIZZAZIONE OLTRE LE BOLLE INFORMATIVE E LE CAMERE DELL'ECO

1. *Polarizzazione affettiva tra abbondanza e frammentazione nel nuovo ecosistema mediale*

> Se ogni informazione che si riceve proviene da algoritmi inviati via telefono, che rafforzano qualsiasi pregiudizio si abbia già – che è poi il modello che si delinea – a un certo punto, si finisce per vivere in una bolla, e questo contribuisce a far sì che la nostra politica sia così polarizzata come in questo momento [Barack Obama, citato in Hamedy 2018].

Così si esprimeva Barack Obama, intervistato da David Letterman nel gennaio 2018, a proposito del peso esercitato dai social media nella campagna presidenziale del 2016[1], mostrando la sua preoccupazione circa il fenomeno della polarizzazione politica negli Stati Uniti. L'esito di quella campagna e la vicenda della Brexit nel Regno Unito[2] – così come è accaduto per *fake news* e post-verità – costituiscono gli eventi che accompagnano a mo' di esemplificazione le riflessioni intorno all'insorgenza della polarizzazione politica nelle democrazie consolidate e le assegnano un ruolo cruciale nell'interpretazione degli sviluppi politici più recenti.

A dire il vero, non siamo di fronte a un fenomeno appena nato: la polarizzazione politica negli Stati Uniti ha una tradizione di studio che affonda le sue radici già nel secolo scorso e che acquisisce particolare visibilità con le contestate elezioni presidenziali del 2000[3], quando i media iniziarono a far circolare una descrizione dell'elettorato come profondamente e irrevocabilmente diviso [Fiorina, Abrams e Pope 2005]. Da allora, il tema della polarizzazione è entrato a pieno titolo nel dibattito pubblico, guadagnando terreno anno dopo anno nel *coverage* giornalistico della politica statunitense [Levendusky e Malhotra

2016], al punto che gli stessi giornalisti hanno iniziato a riflettere sul fenomeno dedicando a esso articolate analisi, come quella di Ezra Klein [2020] nel volume *Why We're Polarized*.

Tra gli studiosi, il tema si è imposto dando vita a una sorta di «polarizzazione riflessa» che separa coloro che ritengono che vi sia stato un incremento del fenomeno nel corso del tempo [Abramowitz e Saunders 2008] e coloro che invece ne ridimensionano la portata [Fiorina e Abrams 2008]. A determinare tali differenze è l'ambiguità del concetto stesso, che può essere inteso sia a livelli diversi (polarizzazione sociale, di gruppo e individuale) che nell'accezione di una contrapposizione tra estremi opposti all'interno di un sistema (nel nostro caso, di natura politica) o nel posizionamento di un gruppo che si arrocca su un'estremità [Wojcieszak 2015]. Va sin da ora precisato che una parte consistente della riflessione e della ricerca sul fenomeno della polarizzazione politica proviene dal contesto statunitense, da sempre caratterizzato da un sistema politico binario. Si tratta di un sistema che più di altri si presta a far emergere una logica di contrapposizione, quella tra il Partito repubblicano e il Partito democratico, e consente di «misurare» la distanza tra le diverse posizioni politiche. Appare chiaro, dunque, come la connotazione territoriale del fenomeno e, di conseguenza, il suo studio influiscano sulla possibilità di adottare le stesse definizioni operative in altri contesti.

Per i nostri scopi, tuttavia, possiamo assumere a riferimento la definizione di polarizzazione affettiva [Iyengar, Sood e Lelkes 2012], intesa come il frutto di un'avversione reciproca avvertita dagli elettori dei diversi partiti o gruppi. Essa non si manifesta come polarizzazione ideologica, in relazione cioè a temi o a proposte di policy, ma deriva dall'identificazione con un partito e si associa all'attribuzione di tratti negativi nei confronti di coloro che aderiscono al partito che si colloca in opposizione a quello nel quale si identifica il soggetto, nella classica logica *in-group vs out-group*, e arriva, addirittura, alla dichiarazione di esplicito dispiacere nell'eventualità di un matrimonio del proprio figlio/a con qualcuno appartenente all'altro partito. La diffusione di questi sentimenti di distanza e rifiuto per coloro che la pensano diversamente è stata posta in relazione con un contesto comunicativo caratterizzato da una retorica sempre più negativa, da elementi di conflitto e controversia associati al confronto politico ed esasperati nel corso delle campagne elettorali: in breve, quella che un tempo veniva definita *negative politics*.

1.1. *Consumo di informazione partigiana e polarizzazione: un gioco di specchi*

Questa rappresentazione della politica, certamente utile a dare corpo e sostegno alla costruzione di stereotipi negativi dei membri appartenenti all'*out-group*, si è sviluppata nel corso del tempo in un contesto comunicativo «aumentato» e «frammentato» a seguito delle trasformazioni tecnologiche, che hanno reso possibile ospitare e dare visibilità a una pluralità di voci, anche decisamente schierate e di parte ma sintoniche con una fetta dell'elettorato. Così, oltre ai numerosi e compositi elementi di natura politica, sociale e culturale che hanno contribuito a dar vita al fenomeno, un posto di rilievo è stato assegnato alle trasformazioni mediali che hanno mutato significativamente il panorama informativo, passato dalla condivisione di contenuti comunicativi per grandi audience alla personalizzazione dell'offerta su audience di nicchia. Inutile dire che la realizzazione completa di questo passaggio si è avuta con i media digitali, che hanno trasformato tanto il momento dell'offerta quanto quello del consumo. Vi è, però, una tappa intermedia che non si può ignorare, pena l'incomprensione dei fenomeni in esame, ovvero quella dell'affermazione della TV via cavo che, dagli inizi degli anni Novanta, ha cambiato le modalità di consumo dell'offerta televisiva negli Stati Uniti e ha creato le condizioni tecnologiche e culturali per l'affermazione dei media partigiani.

Al riguardo, Prior [2007] parla di una *post-broadcast democracy*, ovvero di una democrazia che si afferma a seguito della moltiplicazione dei canali televisivi dedicati agli argomenti più diversi, con la conseguente possibilità per i cittadini disinteressati di sottrarsi all'offerta informativa saturando il palinsesto personale sempre più di solo intrattenimento. Così, se nel passato vi era una base comune di informazione garantita dai notiziari dei grandi network televisivi, nell'era della televisione via cavo e dell'esplosione dei canali televisivi essa viene meno, privando la società di un importante elemento di condivisione e creando, nei fatti, una netta differenziazione tra gli *information haves* e gli *information have nots*, ovvero tra coloro che sono a conoscenza di ciò che è al centro del dibattito pubblico in un determinato periodo e coloro che non lo sono.

Bisogna tenere in debito conto, poi, che la proliferazione dei canali ha portato con sé, inevitabilmente, un aumento della competizione per conquistare e trattenere quote di telespettatori, in libera uscita dai tradizionali network televisivi e improvvisamente posti nella condizione di una grande libertà di scelta. Nel nuovo scenario, l'obiettivo delle diverse emittenti non è stato più quello di ottenere audience di grandi dimensioni ma di raggiungere e trattenere audience di nicchia in grado, comunque, di garantire loro una posizione stabile e competitiva, nonché una redditività soddisfacente. Sul fronte informativo, ciò ha portato alla nascita di emittenti dal profilo netto e schierato, che sono andate a occupare precisi tasselli all'interno dell'intera offerta, nell'intento di dare spazio a voci fino ad allora assenti. Le posizioni assunte, minoritarie, schierate e apertamente faziose, hanno fatto sì che questi nuovi attori mediali venissero identificati con l'etichetta di media partigiani [Arceneaux e Johnson 2013; Prior 2013] che, a differenza dei media informativi tradizionali, «che ancora enfatizzano i valori dell'equilibrio e dell'obiettività, offrono una visione di parte degli eventi del giorno» [Levendusky 2013, 4]. Il panorama informativo si è dunque arricchito di voci «di parte», come quella di Fox News (luglio 1996) e MSNBC (ottobre 1996), che si sono poste rispettivamente a complemento (Fox News) o in contrapposizione (MSNBC) a una voce apertamente schierata come quella radiofonica di *The Rush Limbaugh Show*, fino ad allora punto di riferimento indiscusso del conservatorismo americano nei media broadcast.

Così, rispetto al passato, quando vi era un'offerta informativa sufficientemente omogenea e standardizzata, si è resa disponibile, complice anche l'ascesa di internet, una scelta molto più ampia, che produce il fenomeno della *information stratamentation*, ovvero della concomitante presenza di processi di segmentazione dei pubblici e frammentazione informativa [Bennett e Iyengar 2008], che può alimentare un'esposizione selettiva e portare all'esclusione di informazioni politiche controattitudinali favorendo le dinamiche di polarizzazione.

La presenza di punti di vista di parte, aggressivi al punto da divenire talvolta incivili e costruiti su una dinamica *in-group vs out-group* [Nguyen 2020], è stata interpretata come una variabile decisiva dell'aumento della polarizzazione nell'elettorato, avvalorando l'ipotesi secondo cui l'esposizione a determinati contenuti attiva determinate reazioni. Al riguardo, non si può non citare la famosa ricerca condotta da Joseph Jamieson e Kathleen Cappella [2008] su *The Rush Limbaugh Show*, uno dei talk show radiofonici più ascoltati in America, dalla quale emergevano i meccanismi attivati per isolare i radioascoltatori e renderli distanti, se non ostili, nei confronti dell'*out-group*: il discredito continuo dei media mainstream, l'adozione di un linguaggio «privato» decifrabile solo dai membri dell'*in-group* e la messa in discussione – negandone l'attendibilità – di qualsiasi punto di vista contrario a quello proprio del gruppo.

Nonostante la presenza di strategie discorsive e mediali più o meno raffinate, è chiaro che il nesso tra consumo di informazione partigiana e polarizzazione politica è ben più complesso di quanto appaia a prima vista, al punto di riconoscere che «è molto difficile dimostrare che i media partigiani polarizzino gli spettatori» [Levendusky 2013, 66]. D'altro canto, una ricca letteratura sugli effetti dei media [Bentivegna e Boccia Artieri 2019] ci ha da tempo messo in guardia contro facili scorciatoie interpretative che non tengono conto dell'agency comunicativa dei membri dell'audience.

Ed è proprio facendo riferimento a tale letteratura che appare molto più convincente l'approccio interpretativo di quegli studiosi che sostengono che «coloro che selezionano le notizie diffuse da emittenti di parte lo fanno *perché* hanno già un'opinione politica» [Arceneaux e Johnson 2013, 15, corsivo nel testo] e, quindi, i media partigiani, più che creare la polarizzazione, la riflettono. Non si tratta, dunque, di una qualche conversione del proprio punto di vista ma, piuttosto, di una conferma attivamente cercata dagli individui, indicata correntemente come *confirmation bias*. Questa lettura, che rende onore tanto agli studi sulla selettività [Bennett e Iyengar 2008; Stroud 2010] quanto a quelli che considerano l'audience come un soggetto attivo nei processi comunicativi, ha il merito di ricondurre il fenomeno della polarizzazione in un contesto molto più ampio di quello comunicativo, rinunciando alla scorciatoia tecnologica («è responsabilità dei media») troppo spesso utilizzata nello studio di fenomeni complessi.

1.2. *Il nesso fra personalizzazione, frammentazione comunicativa e polarizzazione politica*

Al ricorso alla scorciatoia tecnologica, tuttavia, è decisamente difficile resistere, tanto più quando ci si trova di fronte alle nuove tecnologie dell'informazione. Così, se nel passato a minacciare la tenuta democratica era l'abbondanza comunicativa portata dalla televisione via cavo e dai cosiddetti media partigiani, oggi la stessa minaccia è stata individuata nel web e nelle piattaforme. La disponibilità di una comunicazione personalizzata e frammentata è stata vista come un fattore in grado di alterare le precondizioni della democrazia, poiché farebbe venire meno l'esposizione a contenuti informativi non preventivamente selezionati e quindi la condivisione di un certo numero di esperienze comuni tra i cittadini, utile a creare il senso di appartenenza alla stessa comunità [Sunstein 2003, 24-25]. Ciò ha fatto sì che, dopo una fase iniziale di entusiasmo per l'abbondanza comunicativa frutto della diffusione dei media digitali, si sia affermata una lettura che ha avanzato ipotesi pessimistiche circa il nesso tra personalizzazione, frammentazione comunicativa e polarizzazione politica. Prima di arrivare a descrivere tale approdo interpretativo, tuttavia, vale la pena ricostruire la fase iniziale, quando l'entusiasmo per le nuove opportunità connesse ai media digitali orientava molte letture e la personalizzazione del consumo mediale muoveva i primi passi.

Tra i primi ad accogliere entusiasticamente la nuova fase dell'abbondanza comunicativa è stato Nicholas Negroponte (all'epoca direttore del Media Lab dell'MIT di Boston), che ha immaginato e ricostruito le numerose trasformazioni connesse alla diffusione dei processi di digitalizzazione: dalla circolazione dei libri a quella dei film, dall'ascolto della musica allo scatto di una fotografia. In termini più generali, ha immaginato che altri mezzi sarebbero divenuti digitali «sotto la spinta combinata della convenienza, delle leggi dell'economia e della liberalizzazione dei mercati» [Negroponte 1995, 3]. All'interno di questo scenario in veloce e profonda trasformazione, a noi interessa l'offerta informativa, soprattutto sul versante della sua diffusione. Si tratta di un'offerta che diventa sempre più ricca e disponibile per l'utente in virtù della digitalizzazione dei contenuti e che spazza via vecchie modalità di accesso e consumo. Tutte queste opportunità di accesso all'informazione danno vita a quel fenomeno indicato comunemente come *overload* informativo, ovvero un sovraccarico di notizie che possono produrre confusione e spaesamento nell'utente che vi entra in contatto. Nell'approccio di Negroponte, questo problema viene risolto tramite il confezionamento di un organo di informazione personale (il noto *Daily Me*), costruito tramite il ricorso ad algoritmi finalizzati a selezionare e a proporre soltanto i contenuti interessanti per l'utente e, contemporaneamente, a far scomparire quelli privi di interesse e tali da appesantire l'offerta. In un articolo dedicato alla ricostruzione dell'approccio di Negroponte, pubblicato su «Wired» nel 1995, il rapporto tra testate di informazione e fruitore veniva descritto nei seguenti termini:

> il tuo quotidiano potrebbe tenere memoria di ciò che nella lettura hai saltato, hai letto di nuovo o che ti ha fatto soffermare più a lungo; poi, potrebbe usare queste informazioni per arrivare a comporre il *Daily Me*, contenente solo le informazioni alle quali hai prestato maggiore attenzione [Hapgood 1995].

Un giornale costruito su misura per il lettore, dunque, in grado di ridurre la mole di informazioni da elaborare e mettere insieme un'offerta centrata su notizie e argomenti per i quali già esiste un interesse. In breve, un'applicazione *ante litteram* di quegli stessi algoritmi che sono alla base delle filter bubble teorizzate da Eli Pariser [2012], di cui parleremo più avanti, e che si basano sulla personalizzazione dell'offerta in base al consumo pregresso.

Questo nuovo tipo di giornale «stampato in un'unica copia» [Negroponte 1995, 153] ha sollevato due significative questioni, sulle quali si è concentrata l'attenzione degli studiosi e si è espressa la preoccupazione degli osservatori. In primo luogo, ha posto in risalto l'attacco alla mediazione giornalistica nella produzione dell'offerta informativa, a vantaggio di un'offerta ispirata dal solo criterio dell'interesse per il destinatario, che può trovare soddisfazione in un anonimo aggregatore di notizie esente da qualsiasi intento interpretativo o riflessivo che ne guidi la selezione. In secondo luogo, ha fatto emergere quella che è stata definita una «pre-selected personalisation» [Zuiderveen Borgesius *et al.* 2016], ovvero «una personalizzazione guidata dai siti web, dagli inserzionisti pubblicitari o altri attori, spesso *senza* che l'utente abbia scelto deliberatamente, che ne sia a conoscenza o che abbia dato il suo consenso [*ibidem*, 3, corsivo nel testo]. Insomma, il *Daily Me*, presentato inizialmente come una panacea per risolvere il problema del disinteresse dei cittadini per l'ambito informativo, è stato presto trasformato in un *exemplum* dei rischi connessi alla digitalizzazione della comunicazione, soprattutto riguardo al potere selettivo – intenzionale o meno – esercitato nella scelta dell'offerta. Un'ulteriore spinta, si potrebbe dire, lungo la strada della polarizzazione politica degli individui intesa come un rifiuto totale di qualsiasi posizione discordante rispetto alle proprie.

1.3. *Omofilia e «online network»*

Il potere di selezione frutto del combinato disposto di quella umana e quella algoritmica è stato poi messo in relazione con un'altra caratteristica specifica dei social media, vale a dire l'agevolazione nell'individuazione di network costituiti da soggetti che condividono opinioni o visioni del mondo simili. In apparenza inedita e legata ai social media, la propensione degli individui ad aggregarsi con altri dalle caratteristiche simili (in termini di attitudini, opinioni ecc.) non è che la versione moderna del concetto di omofilia, da tempo noto ai sociologi impegnati nello studio delle dinamiche interazionali. È pur tuttavia vero che, nell'ambiente dei social media, l'individuazione di network e persone con caratteristiche simili appare certamente semplificata e agevolata in virtù delle numerose possibilità di trovare affinità e somiglianze con soggetti che hanno interessi condivisi, seppure dislocati geograficamente a grande distanza, per come è possibile ricercare contenuti a sé affini e per come sono disegnati algoritmicamente questi ambienti. Oltre alla personalizzazione del consumo informativo, dunque, si assiste alla potenziale creazione di network di soggetti che condividono le stesse idee e che possono mettere in atto, nel contesto digitale, le stesse dinamiche *in-group vs out-group* di cui abbiamo parlato in precedenza.

Tutto ciò ha fatto sì che la combinazione dei meccanismi della selettività e dell'omofilia venisse vista con preoccupazione, tanto da introdurre le metafore della «cyber balcanizzazione» e delle camere dell'eco [Sunstein 2003] per indicare i rischi della frammentazione comunicativa e della costituzione di network omogenei di soggetti caratterizzati da un sentire comune rispetto a temi e/o visioni del mondo. La riduzione del confronto e dello scambio tra soggetti che non condividono le medesime posizioni, favorita dalle caratteristiche e dalla logica dei social media, è stata talvolta messa in relazione con «la progressiva frammentazione del dibattito pubblico, la crescente polarizzazione e l'aumento dell'ostilità tra campi politici opposti» [Yarchi, Baden e Kligler-Vilenchik 2020]. A richiamare l'attenzione e a sollecitare la riflessione degli studiosi su tale relazione sono stati gli avvenimenti legati alla Brexit e alla campagna presidenziale negli Stati Uniti del 2016. In entrambi i casi, i social media hanno svolto un ruolo cruciale nella costituzione e nell'espressione di un dibattito pubblico infuocato e decisamente polarizzato. Il riconoscimento di tale centralità, però, non può mettere in ombra la questione delle ragioni e della natura della polarizzazione politica che segna numerose democrazie occidentali e che, in particolare, si è espressa in quelle specifiche occasioni. Perché se è vero che i social media possono agevolare lo scambio tra simili e rendere più difficile l'incontro/confronto con coloro che la pensano diversamente creando un fertile terreno per la nascita di espressioni di polarizzazione politica, è altrettanto vero che essi offrono numerose opportunità per entrare in contatto con punti di vista discordanti e accedere a contenuti altrimenti inaccessibili. Insomma, è forse il caso di iniziare a riconoscere che troppa attenzione è stata prestata a fenomeni come le camere dell'eco e troppo poca alla banale constatazione che è difficile che qualcuno viva in un bozzolo informativo del tutto isolato dal resto del mondo, a meno che non voglia viverci [Zuiderveen Borgesius *et al.* 2016]. Inoltre, è certo il caso di mettere un po' d'ordine nella definizione di un concetto come quello di «polarizzazione» che, al pari di molti altri presentati in questo volume, soffre dell'assenza di una precisione definitoria, soprattutto riguardo al suo contributo alla trasformazione del dibattito pubblico. Nelle pagine seguenti individueremo le dimensioni del concetto più significative e rifletteremo sulle concrete conseguenze attivate dai social media sul fenomeno della polarizzazione politica.

2. *La complessificazione del concetto di polarizzazione politica*

Pochi giorni dopo il voto che ha portato Joe Biden alla presidenza degli Stati Uniti, l'istituto di ricerca Pew Research Center ha diffuso alcuni dati sulla preoccupazione che la vittoria dell'uno o dell'altro candidato aveva sollevato tra i sostenitori dei due schieramenti, facendo emergere come le differenze presenti andassero ben oltre le ragioni di natura politica e di policy:

> circa otto su dieci elettori registrati per entrambi i partiti dichiaravano che le differenze con l'altro partito erano relative ai valori fondamentali americani e circa nove su dieci elettori – sempre registrati per entrambi i partiti – temevano che la vittoria del candidato dell'altro partito avrebbe prodotto «danni irreparabili» agli Stati Uniti [Dimock e Wike 2020].

Si tratta di dati che lasciano pochi dubbi circa la presenza di una profonda divisione nella società americana e che invitano a chiedersi se quella frattura sia un riflesso di quella che attraversa l'élite politica o se abbia, invece, una sua unicità. Per quel che riguarda la polarizzazione delle élite, gli studiosi concordano sul fatto che la politica americana, dalla metà degli anni Settanta in poi, è diventata vieppiù divisiva, con i democratici schierati su posizioni sempre più liberali e i repubblicani su posizioni sempre più conservatrici [Poole e Rosenthal 1984]. Questa radicalizzazione delle rispettive posizioni ha avuto significative conseguenze [McCarty, Poole e Rosenthal 2016]: sulla selezione dei rappresentanti al Congresso, sempre più spesso portatori di posizioni estreme tanto sul fronte democratico quanto su quello conservatore; sulla componente ideologica, sempre più omogenea, con le differenze intrapartitiche praticamente azzerate; sulla progressiva scomparsa della componente moderata, poiché la sovrapposizione tra repubblicani e democratici su alcune issue è sparita del tutto, facendo venire meno la presenza di repubblicani con posizioni liberal e democratici con posizioni conservatrici. Insomma, ci sono pochi dubbi circa il fatto che le élite si siano polarizzate nel corso degli ultimi decenni e che «oggi i democratici siano più liberal e i repubblicani più conservatori» [Mason 2013, 143].

2.1. *Polarizzazione ideologica e polarizzazione affettiva*

Questa veloce presentazione della polarizzazione politica tanto delle élite quanto dell'elettorato sgombra da subito il campo da tutte le polemiche che nel corso degli anni hanno dato vita a due opposti schieramenti di studiosi sulla natura della polarizzazione politica in America, definiti brillantemente da Shanto Iyengar, Gaurav Sood e Yphtach Lelkes [2012], rispettivamente, «il fronte massimalista» e «il fronte minimalista». Le recenti vicende americane hanno messo bruscamente fine a questa polemica e hanno riportato al centro dell'attenzione la questione della definizione del concetto di polarizzazione. Una questione che risulta centrale non solo per interpretare correttamente numerosi fenomeni apparsi negli ultimi decenni nel panorama politico contemporaneo ma, anche, per comprenderne il nesso con un'offerta mediale frammentata e ricomposta dai soggetti a seconda delle loro esigenze, partigiana e spesso aggressiva al punto da scivolare sulla china dell'inciviltà politica. È chiaro, infatti, che il concetto di polarizzazione è di nostro interesse nella misura in cui si associa a un uso dell'offerta mediale che consente la rappresentazione e la circolazione di posizioni estremizzate riguardo a temi o schieramenti nel dibattito pubblico.

Un primo tentativo di mettere ordine in un campo abbastanza caotico è quello che riconduce lo studio della polarizzazione a tre ambiti diversi, ovvero sociale, di gruppo e individuale [Wojcieszak 2015], considerando quindi il fenomeno non come una realtà unitaria, come spesso viene fatto, ma sfaccettata e che si applica in maniera differenziata ai diversi livelli. Quando la polarizzazione è intesa a livello sociale, essa viene ricondotta alle élite o all'elettorato e gli indicatori utilizzati per registrarne la presenza sono quelli del posizionamento su alcuni temi (aborto, matrimonio gay ecc.); della distanza (o vicinanza) tra le posizioni dei sostenitori dei diversi partiti rispetto a certi argomenti; della coerenza tra l'identità partigiana e l'identità ideologica. Quando la polarizzazione si esprime a livello di gruppo, invece, l'attenzione si concentra sulla tendenza a estremizzare le posizioni rispetto a quelle iniziali al termine del confronto e, in modo analogo, ciò avviene a livello individuale. Pur se certamente utile per la ricostruzione dei trend del fenomeno, questa articolazione del concetto ci aiuta ben poco a individuare i nessi che legano la polarizzazione politica alle trasformazioni del sistema mediale, presentato anch'esso come polarizzato [Lelkes, Sood e Iyengar 2017].

Di maggiore utilità, invece, ci pare essere l'articolazione del concetto in due campi distinti come quelli della «polarizzazione ideologica» e della «polarizzazione affettiva». La prima fa riferimento a una divergenza di punti di vista (anche estremizzati) che possono esprimersi rispetto a specifici temi o policy, avvicinandola a quella di tipo sociale che abbiamo appena illustrato; la seconda fa riferimento a «un'animosità tra i partiti» che fa sì che «tanto i democratici che i repubblicani dicano che i sostenitori dell'altro partito sono ipocriti, egoisti, di vedute ristrette e si dichiarino indisponibili a socializzare con loro o, addirittura, a collaborare insieme in attività di diversa natura» [Iyengar *et al.* 2019, 130]. Questi sentimenti così negativi e aggressivi nei confronti della controparte che aderisce a un altro partito non hanno nulla a che fare con la natura specifica del tema rispetto al quale si manifesta la divergenza di opinioni. In altre parole, ad attivare queste forme di rifiuto per chi la pensa diversamente non è certo un dissenso su come affrontare uno specifico problema, ad esempio l'immigrazione. Certo, è possibile che vi siano anche divergenze rispetto alle misure da adottare ma esse sembrano passare in secondo piano rispetto alla distanza che si avverte nei confronti dei membri dell'*out-group*. Secondo gli studiosi, infatti, pur essendo collegate, la polarizzazione ideologica e la polarizzazione affettiva sono due concetti distinti sia dal punto di vista teorico che da quello empirico [Iyengar *et al.* 2019; Mason 2013]. La distinzione tra le due forme di polarizzazione aiuta a ricomporre risultati empirici spesso contraddittori e a spiegare come sia possibile «che un aumento di esposizione a punti di vista trasversali possa portare a una moderazione dei punti di vista dei cittadini e, allo stesso tempo, possa accrescere la percezione della distanza sociale tra il gruppo di appartenenza e quello esterno» [Barberá 2020, 46].

Ed è proprio la polarizzazione affettiva, con le sue numerose modalità di espressione, ad essere stata recentemente posta al centro dell'attenzione degli studiosi. Con sfumature diverse, essa è stata definita ora «polarizzazione comportamentale» [Mason 2013], ora «polarizzazione sociale» [Mason 2018], ora «polarizzazione psicologica» [Settle 2018]. In tutti i casi, però, come vedremo tra poco, si registra una medesima dinamica *in-group vs out-group*.

È Liliana Mason a definire in chiave comportamentale la polarizzazione caratterizzandola come «un accordo incivile, nel quale gli americani tendono a essere d'accordo su molte questioni ma, allo stesso tempo, coltivano pregiudizi e sentimenti di rabbia nei confronti dell'altro» [Mason 2013, 141]. In questa prospettiva, la polarizzazione comportamentale si contraddistingue per un aumento della partigianeria partitica, accompagnato da pregiudizi e rabbia nei confronti dei sostenitori degli altri partiti senza che vi sia necessariamente una distanza ideologica su temi specifici. A suo avviso, i cittadini coinvolti in una forma di polarizzazione comportamentale «avvertiranno ed esprimeranno maggiore rabbia nei confronti degli esponenti e dei membri del partito opposto attraverso proteste pubbliche, comunicazioni con i propri rappresentanti politici e discorsi e interventi espressi online» [*ibidem*, 142]. Negli anni successivi, la Mason ha ulteriormente sviluppato il concetto di accordo incivile – utilizzato anche per spiegare la cosiddetta *identity politics* – e lo ha collegato alla polarizzazione sociale, così definita in base al pregiudizio, alla rabbia e all'attivismo che la caratterizzano. Riferendosi alla società americana, la Mason ha sottolineato come «piuttosto che essere semplicemente in disaccordo sulle diverse scelte di policy, siamo incredibilmente concentrati su ciò che condividiamo tra di noi e vediamo gli altri solo come appartenenti a un gruppo con il quale dobbiamo lottare per vincere un trofeo» [Mason 2018, 4]. In questa contrapposizione tra noi e loro, il tema o la questione che di volta in volta vede le due formazioni fronteggiarsi diventa secondario, quasi una sorta di pretesto per affermarsi sull'altro. Il tratto comportamentale o sociale della polarizzazione sottolineato dalla Mason è di grande interesse per le conseguenze che essa può esercitare sulla formazione del dibattito pubblico, anche in presenza di un netto ridimensionamento dell'identificazione partitica. Appare chiaro, infatti, che se la contrapposizione tra l'*in-group* e l'*out-group* è strumentale all'affermazione di un'identità sociale che altrimenti avrebbe difficoltà a manifestarsi, la polarizzazione che ne deriva, e che di volta in volta si manifesta, non può che giovarsi dello spazio a essa dedicato dai media, siano essi tradizionali, partigiani o social media. Non solo, le stesse discussioni ospitate dai social media possono essere di grande rilevanza per l'identificazione dei gruppi contrapposti.

Lungo la stessa direzione si colloca la definizione di polarizzazione psicologica avanzata da Jaime E. Settle nel testo *Frenemies: How Social Media Polarizes America* [2018]. Anche in questo caso, la polarizzazione è strettamente legata alla questione dell'identità degli individui e, in particolare, al contributo che i social media offrono al processo della sua costruzione. Si tratta di un contributo legato alle stesse affordance dei social media o, meglio, «all'ambiente della comunicazione politica che si crea sui social media» [*ibidem*, 4]. Secondo Settle, infatti, gli elementi che caratterizzano le piattaforme – come la sovrapposizione tra i contenuti sociali e politici postati dagli utenti, la possibilità di individuare l'identità politica degli altri a seguito della stessa interazione, gli incentivi a produrre contenuti dai toni provocatori ma tali da creare *engagement* nella comunità – contribuiscono tutti alla polarizzazione psicologica. In particolare, è la piattaforma Facebook «a mostrare la più alta concentrazione di affordance che potrebbero favorire la polarizzazione» [*ibidem*, 9] e, non a caso, essa costituisce l'oggetto specifico della ricerca di Settle. A suo avviso, alla base della polarizzazione psicologica vi è il meccanismo del consolidamento dell'identità politica e sociale che si verifica sulla piattaforma in combinazione con il consumo di informazioni proprie dell'*in-group*. Ed è in particolare il contatto con le informazioni presenti su Facebook che determina la percezione delle differenze tra le posizioni proprie del gruppo e quelle esterne ad esso, dando vita alla creazione di stereotipi negativi sugli «altri» ma, al contempo, rinsaldando l'identità sociale e politica dei membri del gruppo stesso. Insomma, la polarizzazione psicologica trova un ambiente fertile su Facebook, soprattutto se letta in combinazione con i meccanismi di conferma dell'identità sociale e politica.

Si tratta, tuttavia, di una conferma più problematica di quanto possa apparire a prima vista, tanto per il concetto di polarizzazione sociale [Mason 2018] quanto per quello di polarizzazione psicologica [Settle 2018]. In entrambi i casi, infatti, si dà per scontato che vi sia un'identità politica/partitica che va di pari passo con quella sociale o che addirittura la precede. Eppure, i dati che descrivono la propensione a identificarsi con un partito negli Stati Uniti ci raccontano una storia diversa, ovvero una storia nella quale vi sono sempre meno cittadini propensi all'identificazione partitica [Abramowitz e Webster 2016]. A nostro avviso, tuttavia, il ridimensionamento dell'identificazione partitica da parte dei soggetti non mette in discussione la rilevanza dell'intreccio tra l'identità sociale e le molteplici espressioni dell'identità politica che trovano ospitalità sulle piattaforme online. Pur in presenza sulle piattaforme online di un numero limitato di soggetti che si identificano in un partito, la loro appartenenza a network di varia natura può configurarsi come un catalizzatore che attiva un'agency comunicativa negli altri membri del gruppo cui appartengono, nell'intento di opporsi a un altro gruppo, attivando e coltivando così forme di polarizzazione discorsiva. A sostegno di questa ipotesi, dobbiamo notare come le logiche di funzionamento delle piattaforme producano una forma di de-individualizzazione del singolo a vantaggio del gruppo in cui ci si identifica in quanto network di appartenenza [Bentivegna e Rega 2020]. Inoltre, in relazione agli obiettivi di questo lavoro, non vi sono dubbi circa il fatto che sia la polarizzazione affettiva (o sociale o psicologica che dir si voglia) a suscitare maggiore interesse. Appare chiaro, infatti, che la polarizzazione ideologica non riguarda invece i soggetti coinvolti più o meno occasionalmente nelle contrapposizioni politiche di volta in volta attivate e rilanciate dai media nel loro complesso. In conclusione, la polarizzazione degli individui sembrerebbe oggi essere un fenomeno molto più fluido e instabile rispetto al passato, che coinvolge soggetti con caratteristiche diverse: sostenitori partigiani di partito, da un lato, e membri di network occasionalmente attivati a sostegno di una posizione, dall'altro. Quale sia il loro contributo alla costruzione del dibattito pubblico e quale il ruolo esercitato dai social media costituiranno argomento di riflessione delle prossime pagine.

3. *Bolle informative e camere dell'eco al centro dell'attenzione*

Tra i concetti che oggi animano le descrizioni e le discussioni sul rapporto tra democrazia e comunicazione, quelli di filter bubble e camere dell'eco occupano sicuramente un posto di rilievo. Difficile, infatti, trovare qualcuno che non ne abbia sentito parlare e che non abbia almeno una vaga idea delle loro caratteristiche. La popolarità e il prepotente ingresso nel lessico quotidiano non si associano, tuttavia, a una chiarezza concettuale e, spesso, capita di imbattersi nell'uso intercambiabile dei due concetti. È probabile che tale vaghezza sia dovuta proprio al loro successo, vale a dire all'uso corrente che ne è stato fatto all'interno del dibattito pubblico, tanto da far apparire superflua la disponibilità di una definizione puntuale. Ma c'è anche chi sostiene che «le camere dell'eco e le filter bubble sono concetti incredibilmente attraenti: offrono una semplice spiegazione tecnologica per quei problemi che sia le democrazie emergenti che quelle consolidate devono affrontare» [Bruns 2019, 95]. Non si tratterebbe, dunque, di una sfocatura concettuale dovuta a un'adozione diffusa e disinteressata alle dimensioni costitutive del concetto ma, piuttosto, di una precisa strategia interpretativa mirata a spostare il focus dell'attenzione dal versante politico a quello tecnologico. Nelle pagine seguenti, grazie a un'analisi dell'uso dei due concetti, si cercherà di capire quanto tale interpretazione sia fondata e se non vi siano, invece, altri motivi alla base della loro vaghezza definitoria.

Il primo passo in questa direzione non può che essere quello che ricostruisce la loro nascita e adozione nell'ambito della riflessione scientifica. Le camere dell'eco vengono individuate e descritte in un libro di Cass Sunstein dall'eloquente titolo *Republic.com*, pubblicato nel 2001. In quel testo e in quelli successivi (*Republic.com 2.0* pubblicato nel 2007 e *#Republic*, pubblicato nel 2017), che riprenderanno e svilupperanno l'approccio iniziale, Sunstein esprime le sue preoccupazioni per le trasformazioni della democrazia a seguito dell'avvento dei media digitali e dei social media. Vale la pena sottolineare che Sunstein ha una formazione giuridica e che pone questioni teoriche sulle condizioni che agevolano o ostacolano il funzionamento della democrazia, piuttosto che sulle reali condizioni di consumo dell'informazione da parte dei cittadini nonché sugli effetti di tale consumo. La sua preoccupazione principale è relativa a una moltiplicazione di individui che vivono all'interno di bozzoli informativi, impossibilitati a fare incontri casuali e a vivere esperienze condivise mettendo a rischio la tenuta della società. Questa veloce, e ovviamente incompleta, ricostruzione delle posizioni di Sunstein ci fa capire quanto il suo interesse sia mirato a offrire «suggestioni» piuttosto che definizioni, possibilità piuttosto che comportamenti effettivi rilevati tramite ricerche empiriche. D'altro canto, nei suoi testi non vi è traccia di una definizione delle camere dell'eco ma abbondano descrizioni e previsioni circa i rischi della loro moltiplicazione.

Vaghezza definitoria e preoccupazione circa i possibili effetti negativi sulla società e sulla democrazia caratterizzano anche il concetto di filter bubble elaborato da Eli Pariser [2012]. La conoscenza circa il funzionamento del web e dei social media del tutto assente nel lavoro di Sunstein è, invece, la base sulla quale si fondano le riflessioni di Pariser. Il filtraggio degli algoritmi, che erano alla base della visione del *Daily Me*, si trasforma, nella lettura di Pariser, in vincoli che ci costringono entro una bolla informativa, costruita in base alle nostre pregresse esperienze di comportamento online e alle somiglianze con i comportamenti di altri soggetti. I filtri di nuova generazione «creano un universo di informazioni specifico per ciascuno di noi, una "bolla di filtraggio", che altera il modo in cui entriamo in contatto con le idee e le informazioni» [*ibidem*, 10]. Ciò avviene tanto nell'uso dei motori di ricerca – che offrono risultati diversi a seconda delle esperienze di navigazione del soggetto – quanto in quello delle piattaforme – quando ci mostrano contenuti che dovrebbero essere di nostro gradimento in base alle precedenti interazioni. Oltre a impedire il contatto con persone e contenuti estranei alla bolla alla quale apparteniamo, la pericolosità degli algoritmi di filtraggio risiede nella realizzazione di una personalizzazione preselezionata [Zuiderveen Borgesius *et al.* 2016], una sorta di selettività inconsapevole guidata non dal soggetto ma dalle piattaforme e dai motori di ricerca. Dal punto di vista del funzionamento delle istituzioni democratiche, le conseguenze del filtraggio algoritmico si hanno, da un lato, nel crescente divario tra soggetti informati e impegnati sul fronte civico e politico e soggetti del tutto estranei a tale impegno e, dall'altro, nella segregazione ideologica a seguito dell'assoluta mancanza di confronto con posizioni discordanti. Anche nel caso di Pariser, dunque, ci troviamo di fronte a «suggestioni» e non a definizioni, a meno di non voler considerare come una definizione l'elementare descrizione di un filter bubble nei termini di «un universo di informazioni specifico per ciascuno di noi» [Pariser 2011, 14].

Pur nella vaghezza definitoria dei due concetti, numerosi sono stati i tentativi di individuare e sostenere (o negare) empiricamente la presenza e gli effetti delle camere dell'eco e delle bolle informative. Anticipiamo sin da ora che le voci critiche sono andate aumentando nel corso del tempo. Per dare un'idea del clima, è sufficiente citare il titolo di un recente volume pubblicato da Alex Bruns [2019], *Are Filter Bubbles Real?*, e quelli, altrettanto eloquenti, dei seguenti articoli: *Should We Worry about Filter Bubbles?* [Zuiderveen Borgesius *et al.* 2016], *The Echo Chamber Is Overstated* [Dubois e Blank 2018].

3.1. *La permeabilità delle bolle informative*

Prendendo le mosse dall'analisi delle ricerche condotte sull'esistenza delle bolle informative, va chiarito da subito che non ci troviamo di fronte a un numero significativo di lavori. La ragione di tale esiguità è correlata direttamente alla difficoltà di accedere agli algoritmi utilizzati dalle piattaforme, gelosamente custoditi e intenzionalmente sottratti allo sguardo esterno. Non a caso, la ricerca più significativa sull'impatto degli algoritmi sulla segregazione ideologica è stata condotta da ricercatori interni alla piattaforma di Facebook, che sono giunti alla conclusione che la riduzione dell'esposizione a contenuti trasversali è significativa pur se limitata [Bakshy, Messing e Adamic 2015]. Sarebbe molto più forte, invece, l'impatto delle scelte individuali sulla limitazione dell'esposizione a contenuti in contrasto con le opinioni preesistenti. Inutile insistere sulla singolare anomalia di una committenza coincidente con l'oggetto di studio o sul ricorso alla tecnica del self-report, che può aver fatto emergere alcune letture e non altre [Barberá 2020].

Piuttosto, vale la pena citare un'altra ricerca condotta da Bruns e colleghi [2017] che analizza oltre 250.000 account Twitter di utenti australiani, fra loro fortemente connessi, per giungere a evidenziare empiricamente come vi sia una significativa permeabilità dei contenuti. Anche per quel che riguarda l'indagine sull'impatto degli algoritmi nelle operazioni di consultazione dei motori di ricerca non disponiamo di una letteratura particolarmente ricca. Come è facilmente intuibile, è ancora una volta l'inafferrabilità degli algoritmi a rendere complicata la raccolta di evidenze empiriche. Nonostante ciò, i dati disponibili vanno nella direzione di ridimensionare nettamente l'effetto del filtraggio algoritmico. Una ricerca condotta sul motore di ricerca di Google, realizzata usando profili politici eterogenei, non evidenzia alcuna diversità sul fronte dei risultati offerti [Haim, Graefe e Brosius 2018], così come nessuna differenziazione significativa viene rilevata nella selezione delle news [Flaxman, Goel e Rao 2016]. Insomma, alla luce delle risultanze empiriche disponibili si può senz'altro sottoscrivere la conclusione alla quale giungono Frederik Zuiderveen Borgesius e colleghi al termine di un'articolata rassegna della letteratura e cioè che «al momento, non c'è nessuna evidenza empirica che giustifichi forti preoccupazioni circa le filter bubble» [Zuiderveen Borgesius *et al.* 2016, 10].

3.2. *Camere dell'eco con porte aperte*

Per quel che riguarda la ricerca empirica sulle camere dell'eco, ci troviamo in una situazione diversa, con una relativa ricchezza di risultati. Il tratto caratterizzante la loro costituzione – vale a dire la propensione omofilica degli individui ad aggregarsi in base alla condivisione di alcune caratteristiche e attitudini o addirittura di un'ideologia politica – è stato al centro di numerose ricerche, svolte su diverse piattaforme e ambienti web.

La prima a essere indagata è stata la realtà dei blog [Adamic e Glance 2005], attraverso una ricerca condotta in occasione della campagna presidenziale degli Stati Uniti del 2004. I dati raccolti hanno mostrato come il network di *hyperlink* che collegava i primi 1.000 blog politici americani si caratterizzasse nei termini di due distinte comunità: liberal, da un lato, conservatori, dall'altro. Un'altra ricerca condotta sullo stesso universo [Lawrence, Sides e Farrell 2010] ha fatto emergere che non solo gli autori dei blog erano riconducibili a due cluster di orientamento politico diverso ma che anche i lettori si collocavano in modo analogo. Ulteriori conferme della propensione omofilica degli individui provengono da alcune ricerche condotte sulla piattaforma Twitter, che mostrano come quasi il 75% dei retweet su argomenti di natura politica avviene tra utenti che condividono lo stesso orientamento politico [Barberá *et al.* 2015]. Che vi siano cluster di individui omogenei dal punto di vista politico appare, quindi, confermato dai dati empirici. Che tali risultati siano generalizzabili a tutti gli utenti del web e dei social media risulta, invece, discutibile. Non si può ignorare, infatti, che i soggetti presi in considerazione nelle diverse ricerche non rappresentano certamente tutti gli utenti dei social media. Al contrario, possiamo tranquillamente ipotizzare che essi rappresentino una quota molto ridotta di utenti particolarmente attivi e impegnati sul fronte politico, responsabili della gran parte della circolazione di contenuti ideologicamente connotati, come emerso nella ricerca condotta nel corso della campagna elettorale del 2012 negli Stati Uniti [Barberá e Rivero 2015].

Nelle camere dell'eco immaginate da Sunstein, oltre alla messa in atto di rapporti e scambi con soggetti che condividono lo stesso orientamento, si assiste all'estromissione di qualsiasi voce o visione discordante. Dal punto di vista comunicativo, possiamo dire che si realizza una saldatura tra l'esigenza di veder confermate le proprie idee e l'esclusione di possibili voci dissonanti, ovvero tra il *reinforcement seeking* e il *challenge avoidance*. Gli studiosi delle teorie della selettività, tuttavia, da tempo hanno richiamato l'attenzione sulla pericolosità dell'ipotesi di un link diretto tra le due esigenze [Garrett 2009a]. In altre parole, non è detto che un individuo interessato a rafforzare le proprie opinioni voglia, contemporaneamente, evitare quelle in contrasto con esse. Diverse ricerche condotte sul consumo di news hanno mostrato che gli individui non si sottraggono alla lettura di contenuti discordanti con i loro punti di vista [*ibidem* 2009b]. Peraltro, la possibilità di entrare in contatto con opinioni contrastanti aumenta nettamente sui social media, dove molti contenuti vengono condivisi dagli altri utenti. In questo caso, si verifica quella che è stata chiamata «la tesi dell'inavvertenza» [Brundidge 2010], vale a dire una mitigazione dell'esposizione selettiva in conseguenza del fatto che gli utenti non scelgono con grande attenzione con chi interagire, esponendosi inavvertitamente sia a idee coerenti con le proprie sia a idee contrastanti. Una conferma in proposito viene dalla ricerca su Facebook citata in precedenza [Bakshy, Messing e Adamic 2015], dalla quale è emerso che circa il 30% delle notizie offerte agli utenti era di natura trasversale rispetto agli orientamenti conservatore e liberal.

Questa imprevista «apertura» delle porte delle camere dell'eco trova una sua giustificazione, secondo Pablo Barberá [2020], nel tipo di legami che intercorrono tra gli utenti dei social media. Reinterpretando la distinzione introdotta da Mark Granovetter [1973] tra «legami deboli» e «legami forti», Barberá colloca i primi nel contesto dei social media, identificandoli nei colleghi di lavoro, compagni di scuola, compagni di sport, lontani parenti, conoscenze occasionali ecc., ovvero tutti quei soggetti che non fanno parte della vita quotidiana e affettiva. Le condivisioni di contenuti avvengono, dunque, tra persone che non condividono necessariamente una visione del mondo o una lettura ideologica della società ma che, molto più semplicemente, condividono una passione sportiva o ricordi comuni dell'infanzia. Ad animare e popolare i *news feeds* su Facebook sono soprattutto individui con queste caratteristiche, utenti che rendono incidentale l'esposizione a certi messaggi e, nei fatti, consentono la circolazione di punti di vista ideologicamente diversi rispetto a quelli offerti da coloro con i quali si hanno «legami forti». Così, possiamo sicuramente dichiararci d'accordo con chi ritiene che i confini delle eventuali *echo chambers* siano molto porosi [Zuiderveen Borgesius *et al.* 2016].

3.3. *Camere dell'eco e bolle informative: realtà sovrastimate*

Le risultanze empiriche raccolte e presentate nelle pagine precedenti indicano che quando si realizza l'autosegregazione dei soggetti all'interno delle *echo chambers* essa deve essere considerata frutto di una scelta, spesso correlata a forme di *partisanship* [Stroud 2010; Garrett e Stroud 2014], fortemente voluta e difesa dal soggetto. Ciò non vuol dire che tali forme di autosegregazione siano meno importanti per la costituzione di un sano e aperto confronto democratico tra le diverse posizioni: non vi è alcun dubbio circa il fatto che simili forme di separatezza producano incomunicabilità, distanza e forme estreme di polarizzazione politica. Tuttavia, non si può ignorare che simili scelte riguardano soggetti che vivono ed esprimono la propria militanza politica e ideologica anche attraverso l'appartenenza a network chiusi, schierati e ostili nei confronti di coloro che non fanno parte dell'*in-group*. Il peso della «scelta», dunque, è fondamentale, prima ancora della determinazione della chiusura in una camera dell'eco, nell'adesione a un'ideologia o a una visione del mondo.

Un altro elemento sul quale è necessario riflettere, a corredo di quanto detto fin qui, ha a che fare con il ruolo della politica nella vita quotidiana dei cittadini. In altre parole, non dobbiamo «dimenticare che una grande maggioranza di utenti presenti sui social media non è lì con l'obiettivo principale di parlare di politica» [Bruns 2019, 11] né, potremmo aggiungere, per cercare informazioni sulla politica. Non solo. Dobbiamo evitare di dimenticare anche che «l'acquisizione dell'informazione tramite i social media non implica che altre modalità più tradizionali di consumo dell'informazione vengano ignorate» [Shearer e Gottfried 2017, 17]. Numerose ricerche hanno mostrato come vi sia un pattern stabile di consumo di informazione che vede le news televisive e i siti di *online news* come le fonti più frequentemente utilizzate dai cittadini. Tutto ciò conduce a un netto ridimensionamento del potere tanto delle camere dell'eco quanto delle bolle informative e avvalora la tesi che i due concetti possano rappresentare utili «scorciatoie» per evitare di dare risposte a domande impegnative sulle trasformazioni delle democrazie contemporanee e, in particolare, sul consolidamento della polarizzazione politica. Si tratta di scorciatoie che «sovrastimano il ruolo delle piattaforme e degli algoritmi nelle attuali crisi politiche e oscurano una sfida molto più impegnativa: il ritorno di un primordiale fazioso populismo e una demagogia politica» [Bruns 2019, 117].

4. *Polarizzazione e social media: un nesso controverso*

Il progressivo ridimensionamento della rilevanza delle camere dell'eco e delle bolle informative nell'attivazione di forme di polarizzazione del dibattito pubblico non esaurisce, come si può immaginare, la questione più ampia del ruolo esercitato dai social media nella strutturazione dei processi comunicativi. Perché se è certo vero che la segregazione all'interno di una bolla o di una camera è largamente frutto di una scelta degli individui, che tale scelta si correla al tasso di partigianeria degli stessi soggetti e che i meccanismi che la governano sono validi tanto per il contesto online che per quello offline [Gentzkow e Shapiro 2011; Halberstam e Knight 2016], è altrettanto vero che altre forme di selettività possono attivarsi, sia pure mitigate dal contatto casuale teorizzato dalla tesi dell'inavvertenza [Brundidge 2010]. Insomma, la questione del nesso tra social media e polarizzazione continua a rimanere aperta, nonostante molte rigidità del passato siano state superate. Così come rimane aperta la questione del contributo offerto dai social media all'emersione della polarizzazione del dibattito pubblico, anche nella sua rappresentazione sui media tradizionali.

Prendendo le mosse dal riconoscimento che i social media rendono visibili e accessibili molteplici punti di vista, che possono essere concordanti o discordanti con quelli del soggetto, vi è da chiedersi quali meccanismi si attivino in tali circostanze. Detto altrimenti: l'esposizione a informazioni o conversazioni orientate in modo discordante rispetto alle posizioni del soggetto attiva un irrigidimento delle stesse (polarizzazione) o favorisce piuttosto un'apertura verso punti di vista che non erano stati presi in considerazione (depolarizzazione)? Il dibattito tra gli studiosi al riguardo non è ancora giunto a dare una risposta univoca, anche se ha fornito numerosi elementi utili a interpretare correttamente il fenomeno della polarizzazione in relazione ai social media, offrendo argomenti ed evidenze empiriche a sostegno di entrambe le letture.

4.1. *Più si è esposti all'informazione partigiana online più ci si polarizza?*

Il fronte che sostiene l'esistenza di un nesso preciso tra i social media e la polarizzazione politica è animato da studiosi che utilizzano approcci che spaziano da una sorta di analisi ecologica [Lelkes, Sood e Iyengar 2017] – ovvero che mettono in relazione dati di contesto con dati individuali – alla creazione di specifici contenuti offerti a soggetti con posizioni in netto contrasto con tali contenuti [Bail *et al.* 2018].

Il primo approccio è stato adottato per cercare di individuare eventuali correlazioni tra la diffusione della banda larga negli Stati Uniti e l'incremento della partigianeria da parte dei cittadini, in conseguenza della possibilità di accesso a numerosi contenuti portatori di punti di vista contrastanti e, talvolta, estremizzati. Mediante modelli statistici estremamente sofisticati, gli studiosi hanno ricostruito il nesso tra la disponibilità della banda larga (articolata in ben 52 indicatori che spaziano dagli incentivi fiscali alle tariffe municipali) e il grado di partigianeria dei cittadini (rilevato tramite survey nazionali), intesa come la differenza tra i sentimenti espressi nei confronti del candidato alle elezioni presidenziali del proprio partito e quelli nei confronti del candidato del partito avverso. La conclusione alla quale giungono gli studiosi è che «l'accesso alla banda larga aumenta la propensione partigiana degli individui mediante l'aumento dell'esposizione a una retorica partigiana nettamente sbilanciata» [Lelkes, Sood e Iyengar 2017, 17]. Inutile dire che un'analisi che mette in relazione la semplice disponibilità di accesso a una pluralità di fonti senza inserire alcun dato sull'effettiva interazione con tali contenuti da parte degli individui – in termini di consumo o di coinvolgimento in discussioni – non può che essere ritenuta insoddisfacente oltre che, purtroppo, ancora segnata da una lettura ispirata al più rigido determinismo tecnologico. Si tratta di un'analisi, in breve, che continua a confondere la disponibilità dei contenuti con il consumo degli stessi, negando qualsiasi forma di agency comunicativa ai soggetti.

Maggiore attenzione alla dimensione dell'effettiva interazione comunicativa si rintraccia, invece, nel lavoro di Christopher Bail e colleghi [2018] condotto su Twitter un anno dopo le elezioni presidenziali del 2016. Dopo aver selezionato due gruppi di soggetti schierati l'uno a favore dei democratici e l'altro dei repubblicani, gli studiosi hanno proposto loro di seguire alcuni bot che rilanciavano i tweet pubblicati da soggetti politici (membri di spicco delle due élite politiche) appartenenti al partito opposto. Dopo circa un mese di trattamento, i soggetti che si identificavano con il Partito repubblicano e che erano stati posti in contatto con i tweet pubblicati dagli esponenti democratici «mostravano punti di vista ancora più conservatori» [*ibidem*, 9217], mentre i sostenitori del Partito democratico confermavano il loro orientamento ma senza ulteriori irrigidimenti. Secondo i ricercatori, questa diversità di comportamento da parte dei soggetti appartenenti ai due gruppi può essere spiegata ricorrendo al concetto di polarizzazione asimmetrica che ha visto, negli ultimi anni, i repubblicani assumere posizioni sempre più conservatrici a differenza dei democratici che, invece, non hanno accentuato i loro tratti liberal. Al di là della validità di tale interpretazione, resta il fatto che tanto il fenomeno da spiegare quanto la spiegazione fornita sono radicati profondamente nel contesto politico-elettorale degli Stati Uniti, rendendone impossibile l'applicazione altrove.

Ancora collocato nel contesto statunitense, ma con un respiro più ampio, è lo studio condotto da Elizabeth Suhay, Emily Bello-Pardo e Brianna Maurer [2018] sulle conseguenze derivanti da un'esposizione a punti di vista di parte estremamente critici riguardo alla forza politica nella quale si identifica il soggetto esposto. Al termine di due esperimenti condotti sottoponendo i partecipanti a commenti e articoli ora a favore ora contrari al Partito repubblicano e democratico, gli studiosi giungono a rilevare un incremento della polarizzazione tra tutti i soggetti. Vale la pena sottolineare, tuttavia, che a loro avviso l'elemento che attiva la polarizzazione si rintraccia nell'eccesso di critica e, talvolta, di inciviltà, presente nei testi e nelle discussioni online che mettono sotto attacco le «loro identità e *non* le loro posizioni su temi specifici» [*ibidem*, corsivo nel testo, 108].

4.2. *Più si è partigiani più ci si espone a informazione polarizzata online?*

Sul versante del ridimensionamento del ruolo dei social media nell'attivazione della polarizzazione si collocano studi e ricerche che introducono variabili di natura sociodemografica [Boxell, Gentzkow e Shapiro 2017], di natura politica [Heatherly, Lu e Lee 2017] e che, soprattutto, superano i confini nazionali degli Stati Uniti [Nguyen e Vu 2019; Yarchi, Baden e Kligler-Vilenchik 2020]. Lo studio di Levi Boxell, Matthew Gentzkow e Jesse Shapiro [2017] adotta un approccio che pone in relazione alcune misure empiriche della polarizzazione negli Stati Uniti con classi di età degli individui nell'arco di circa un ventennio. Pur registrando un progressivo aumento del fenomeno, si dichiara che esso «è aumentato di più tra i gruppi con le minori pratiche di uso di internet», vale a dire tra gli individui con un'età superiore a 65 anni. Di primo acchito, questo risultato potrebbe indurci a credere che le tecnologie della comunicazione giochino un ruolo tutto sommato marginale nell'affermazione del fenomeno della polarizzazione. Come nel caso della ricerca di Lelkes, Sood e Iyengar [2017], tuttavia, l'adozione di un approccio di ricerca ecologico risulta problematica dal punto di vista metodologico in virtù dell'impossibilità di escludere eventuali covariazioni tra variabili non considerate all'interno dei gruppi. Decisamente più convincente appare, invece, l'approccio adottato da Kyle Heatherly, Yanqin Lu e Jae Kook Lee [2017] che attribuisce la giusta rilevanza alle caratteristiche individuali dei soggetti. Analizzando i dati provenienti da una survey, gli studiosi notano che le interazioni trasversali tra i gruppi sono più frequenti tra i soggetti che non hanno identificazioni partigiane e che non partecipano regolarmente a discussioni di natura politica. Questo dato conferma non solo la validità della tesi dell'inavvertenza ma anche di quella che attribuisce ai social media un ruolo di promotori nel contatto con numerosi punti di vista, talvolta in aperto contrasto con quelli del soggetto. Si tratta di un'acquisizione di ricerca molto interessante che introduce una particolare attenzione alle caratteristiche dei soggetti, facendo piazza pulita di approcci e interpretazioni molto spesso irrispettosi delle specificità sia dei singoli sia dei contesti.

Sempre con l'intento di specificare il nesso tra polarizzazione e social media si articola il contributo di An Nguyen e Hong Tien Vu [2019]. In questo caso, però, la specificità dell'approccio è relativa tanto al contesto (i 27 paesi dell'Unione Europea) quanto alle fonti mediali (social media e legacy media). Analizzando i dati di un'indagine dell'Eurobarometro, i due ricercatori giungono alla conclusione che «vi sono poche prove all'interno del campione circa il fatto che le persone che usano i social media per ottenere informazioni sulla politica europea abbiano convinzioni e attitudini più polarizzate rispetto a coloro che usano radio, televisione, stampa o siti web giornalistici» [*ibidem*, 8]. Allo stesso tempo, i dati indicano che è la predisposizione generale dei soggetti nei confronti della politica europea a influenzare le loro attitudini e convinzioni nei confronti dell'Europa. Insomma, è la loro posizione – favorevole o contraria che sia – che precede e orienta il loro consumo mediale. Infine, lo studio di Moran Yarchi, Christian Baden e Neta Kligler-Vilenchik [2020], condotto in Israele in occasione di un attentato, introduce un'ulteriore specificazione relativa alle diverse piattaforme online. Nello studio vengono analizzati Facebook, Twitter e WhatsApp in considerazione della diversa strutturazione delle discussioni politiche che vi si sviluppano. Oltre a tener conto di tali differenze, i ricercatori introducono anche delle differenze riguardo alla polarizzazione che viene declinata come «interazionale» (quando l'interazione avviene tra soggetti che la pensano allo stesso modo), «posizionale» (quando ci si espone esclusivamente a contenuti coerenti con i propri punti di vista) e «affettiva» (quando vi è ostilità nei confronti dei membri dell'*out-group*). I dati da loro raccolti mostrano come i tre tipi di polarizzazione non sempre si rintraccino sulle tre piattaforme, a eccezione di Twitter, dove le interazioni trasversali fanno emergere il rafforzamento della spinta omofilica e della dinamica *in-group vs out-group*. Su WhatsApp, invece, dopo una fase iniziale caratterizzata da pattern di interazione omofilici, gli scambi diventano più aperti e meno conflittuali. In ultimo, Facebook – che è stato analizzato limitatamente alle pagine e ai gruppi pubblici – sembra essere diventato il terreno sul quale gli attivisti che sostenevano una delle parti in causa hanno ingaggiato una battaglia per prevalere e silenziare gli altri. Insomma, un'occasione di scontro politico – peraltro organizzato – più che di interazione discorsiva tra gruppi portatori di punti di vista diversi.

4.3. *La rappresentazione della polarizzazione nel dibattito pubblico*

Questa panoramica sulle ricerche condotte per indagare il nesso tra i social media e l'attivazione di forme di polarizzazione o depolarizzazione ci restituisce un quadro composito, nel quale trovano spazio e conferme entrambe le ipotesi. La difficoltà a pervenire a risultati chiari e univoci è connessa tanto all'oggetto di studio quanto all'adozione di approcci troppo spesso ispirati da un determinismo tecnologico e poco attenti al radicamento sociale dei fenomeni. Lo studio del nesso tra social media ed espressioni di polarizzazione non può, in primo luogo, non tenere conto della natura *in progress* degli stessi social media. Per molti versi, infatti, potremmo dire che i social media sono un *moving target*, in continua trasformazione quanto alle loro affordance, agli usi che ne fanno gli stessi utenti e alle pratiche vive che in essi si strutturano. Il movimento continuo che ne deriva complica significativamente il compito dell'analisi fino a rendere non confrontabili evidenze empiriche raccolte nell'arco di pochi anni. Inoltre, la forte concentrazione degli studi e delle ricerche nel contesto statunitense pregiudica la possibilità di generalizzare i risultati laddove non vi siano un bipartitismo altrettanto perfetto, un'analoga strutturazione del sistema mediale nonché un analogo sviluppo e uso dei social media. Oltre a questi aspetti, va sottolineato come a orientare la ricerca e la riflessione teorica siano state suggestioni e ipotesi provenienti dall'esterno della comunità degli studiosi della comunicazione, in un clima di grande preoccupazione circa i rischi della tenuta della democrazia. Questo clima ha contribuito a creare e a diffondere allarme nel dibattito pubblico, al punto da arrivare a dare per scontati alcuni nessi che scontati non lo sono affatto e dimenticare decenni di studio e ricerche sulle dinamiche comunicative.

Ed è proprio sulla rappresentazione della polarizzazione nel dibattito pubblico che, a nostro avviso, è necessario riflettere per cogliere i reali nessi che la legano ai social media. Innanzitutto, va sottolineato come la presenza di uno spazio nel quale attivare le dinamiche di contrapposizione *in-group/out-group*, mediante il coinvolgimento di soggetti su posizioni partigiane ma anche di soggetti casualmente coinvolti nell'interazione comunicativa a seguito, per esempio, della condivisione o produzione di un meme, contribuisca in misura decisiva a segnare le linee di frattura tra i diversi gruppi e a rendere visibile, anche al di fuori della stessa piattaforma, la polarizzazione in atto.

Da una parte, ci troviamo quindi di fronte a realtà di diffusione di contenuti polarizzanti alle quali gli individui contribuiscono in modo involontario, partecipando ad esempio al rilancio di hashtag o dando visibilità a specifici contenuti, più per volontà di prendere parte al «gioco» mediale, di essere parte di un trend emergente o di condividere conversazioni online per pura logica di intrattenimento, che per vera volontà antagonista. Oppure anche a fini di visibilità e di reputazione, che hanno a che fare con la centralità di un soggetto in una piattaforma e nelle reti sociali cui appartiene. Ad esempio, gli studi relativi agli hashtag politici hanno messo in evidenza come la diffondibilità di contenuti politici sia agevolata da account satirici online e di celebrità (ad esempio Twitter Star) che risultano centrali nei network di una specifica piattaforma [Vicari, Iannelli e Zurovac 2020]. Spesso questi soggetti utilizzano in chiave «professionale» hashtag di natura politica finendo per influenzare il dibattito pubblico, anche per l'effetto di amplificazione ottenuto tramite la partecipazione di utenti ordinari delle loro reti, che contribuiscono con condivisioni e reazioni di apprezzamento a rilanciare l'hashtag e i contenuti ad esso connessi.

Dall'altra, occorre invece sottolineare la costruzione di dinamiche di contrapposizione come parte di culture della partecipazione politica che, in particolare nel digitale, aumentano la velocità e la portata dell'aggregazione attorno ai testi mediali sotto forma di pratiche orientate da antipatia, disprezzo e odio. Esattamente come il sostegno e l'ammirazione per un personaggio politico o per un partito possono produrre aggregazioni forti attorno a un testo mediale – sia esso un post, un video su YouTube o una storia su Instagram –, i sentimenti d'odio e di disprezzo attorno a testi mediali possono generare un eguale sostegno alla creazione di comunità o sottoculture che rendono visibile la dimensione dell'anti-fandom politico. Ci troviamo qui di fronte al lato oscuro della partecipazione, cioè al fatto che alcune dinamiche di coinvolgimento possono essere consolidate attraverso un valore negativo, un essere «contro» piuttosto che essere «per» qualcuno o qualcosa. Il coinvolgimento affettivo nei confronti dei testi mediali che si è sviluppato nelle pratiche dei pubblici mediali e dei diversi ambienti digitali ha generato una visibilità anche di queste pratiche affettive al negativo, esplicitandole sotto forma di commenti, hashtag o gruppi su Facebook dichiaratamente «contro» ecc., e dando rilevanza al «potenziale di divisione delle posizioni critiche o "irriverenti" che alcuni segmenti del pubblico digitale esibiscono online» [Click 2019, 9]. L'affettività politica può generare sentimenti negativi che hanno una funzione identitaria – noi *vs* loro –, che agiscono come capitale sociale capace di differenziare e posizionare nei confronti dell'altro e funzionare come una risorsa costitutiva di una collettività [Ahmed 2014].

Questa tensione diventa ancora più evidente in un contesto nel quale assistiamo a un'erosione degli spazi definiti della comunicazione politica e di quelli dell'intrattenimento popolare, in cui la comunicazione politica assume forme, linguaggi e modalità propri della cultura pop [Mazzoleni e Sfardini 2009], e in cui il resoconto giornalistico trasforma le competizioni elettorali in contesti emotivi da trattare con frame propri di competizioni partigiane e antagoniste, attraverso l'uso di narrazioni simili a quelle di ambiti quali ad esempio quelli dello sport [Sandvoss 2019].

In definitiva, le piattaforme devono essere viste quindi non solo come altre opportunità per entrare in contatto con molteplici informazioni e punti di vista ma anche come un ulteriore spazio nel quale dare visibilità alle proprie posizioni. In breve, una nuova arena nella quale si esprime l'agency comunicativa degli individui. Ciò produce un duplice risultato: da un lato, i gruppi contrapposti hanno un ulteriore terreno di gioco sul quale misurarsi – anche con aggressività –, come è avvenuto nel caso illustrato da Yarchi, Baden e Kligler-Vilenchik [2020]; dall'altro, il *coverage* dei news media – soprattutto delle pagine pubbliche e dei gruppi su Facebook – aumenta la visibilità della polarizzazione in corso, configurandosi come un ulteriore incentivo per i soggetti coinvolti. Il gioco di specchi tra social media e news media – proprio dell'attuale ecosistema mediale – contribuisce così ad aumentare la visibilità e la risonanza del fenomeno della polarizzazione, al di là del contesto nel quale aveva preso forma. In tal senso, un evento di nicchia, che coinvolge gruppi di attivisti, può assumere, paradossalmente, una rilevanza nel dibattito pubblico che mai avrebbe ottenuto senza l'effetto di amplificazione esercitato nell'ecosistema ibrido dei media. Insomma, oltre a prestare attenzione alla polarizzazione a livello individuale crediamo sia opportuno dedicare tempo ed energie a studiare la rappresentazione della polarizzazione come parte del dibattito pubblico.

NOTE AL CAPITOLO QUARTO

[1] Si tratta della campagna che ha portato all'elezione di Trump, che ha fatto emergere i numerosi problemi legati alla targettizzazione dei messaggi elettorali, alla forte diffusione del disordine informativo e, in generale, al ruolo giocato dalle piattaforme dei social media nelle campagne elettorali contemporanee. Sulla campagna elettorale del 2016 e sul ruolo giocato dalle piattaforme dei social media, si veda Michael Bossetta [2018].

[2] La vicenda della Brexit è esemplificativa del fenomeno della polarizzazione e, soprattutto, dell'uso della targettizzazione dei messaggi pubblicitari inviati ai cittadini a sostegno delle due posizioni in campo.

[3] Le elezioni presidenziali del 2000 (che vedevano opporsi Al Gore e George Bush jr) sono state decise per poche centinaia di voti di differenza nello stato della Florida.

EPILOGO

UN DIBATTITO PUBBLICO INCIVILE, DISINFORMATO E POLARIZZATO? NON SCAMBIAMO I SINTOMI PER LE CAUSE

Il saggio *La fine del dibattito pubblico* di Thompson [2017] ha rappresentato, a ridosso dell'elezione di Donald Trump a presidente degli Stati Uniti, una di quelle riflessioni che certificavano con il linguaggio dell'analisi ciò che era sotto gli occhi di tutti: un imbarbarimento della comunicazione politica e delle sue forme, in grado di mettere in crisi – o addirittura distruggere, come suggerisce Thompson – la democrazia. E anche per gli autori del volume che state leggendo, la sua provocazione circa questa inevitabile «fine» ha rappresentato il termometro che coglieva la crescita di temperatura nel corpo della democrazia, prodotta da qualche causa che richiedeva di essere maggiormente indagata. A rileggere pochi anni dopo le sue pagine, quando il primo cittadino che risiede alla Casa Bianca è cambiato, quando Trump è stato bannato da Twitter e una pandemia che coinvolge il pianeta costringe la politica a fare i conti con la relazione tra sicurezza e libertà dei cittadini, il valore della critica alla retorica del linguaggio della politica rimane, mentre sembra essere necessario superare quel vago senso di determinismo che collega lo stato di imbarbarimento della lingua della democrazia all'uso della tecnologia digitale, per come viene utilizzata dagli attori politici. E questo non per un difetto di causalità ma per una sua sfocatura. Se è vero, come sostiene Thompson a proposito del linguaggio pubblico, che «ci sono alcuni specifici acceleratori che rendono eccezionali le attuali circostanze, in particolare la rivoluzione nei media e nelle comunicazioni e come essa ha interagito con le nostre culture politiche» [*ibidem*, 32], al contempo non dobbiamo cadere nel rischio del mediacentrismo ma essere consapevoli che occorre riconoscere sia il ruolo dei media e del digitale nella costituzione pratica del sociale sia il ruolo delle rappresentazioni sociali create attraverso le trasformazioni mediali e digitali [Couldry 2015]. I media vengono utilizzati nella vita politica e contribuiscono a plasmarla rendendo possibili determinati processi sociali, sono una base materiale e simbolica per l'agire comunicativo nella politica e per le pratiche sociali a essa connesse. In tal senso le dinamiche *disruptive* non sono tecnologiche in sé ma dipendono dal modo in cui le variabili mediali si intrecciano con le forze politiche, economiche e sociali.

Aver individuato nella disintermediazione la caratteristica dell'attuale era del dibattito pubblico (si veda cap. I) ha appunto l'obiettivo di indicare una modalità processuale che non vuole mettere le trasformazioni del web e delle piattaforme al centro del processo ma evidenziare come queste rendano possibile collegare contesti che prima erano separati, innestandosi su cambiamenti strutturali che la parabola della politica sta affrontando, come quelli della leaderizzazione sempre più spinta e di una democrazia dei pubblici. Ma significa anche indicare come queste mutazioni supportino una dimensione molecolare fatta di flussi che smontano e rimontano diversamente gli spazi discorsivi e producono la visibilità di issue e linguaggi prima più latenti.

Allo stesso modo, individuare, come abbiamo fatto all'interno del volume, nella disinformazione, nella polarizzazione e nella crescita di linguaggio incivile elementi di disturbo del dibattito pubblico significa indicare dei sintomi che però non andrebbero scambiati per cause. Per questo motivo, i capitoli in cui abbiamo trattato questi temi si sono prefissati il compito di esaminare come la ricerca scientifica delinei i contorni dei fenomeni, la loro reale incidenza nella strutturazione del dibattito pubblico, e anche come talvolta essi siano sovrarappresentati rispetto ai loro reali effetti o alla capacità di influenzare significativamente il discorso democratico.

L'idea più generale, quindi, che lo spazio pubblico dedicato alla deliberazione si sia ridotto a favore di un aumento del rumore di fondo, di un'infantilizzazione del confronto politico, di discussioni sempre più rozze e partigiane, rimanda all'immagine di un unico perimetro nel quale il discorso politico si genera, una sorta di figura a cerchi concentrici il cui cuore più puro (la deliberazione democratica) ha una circonferenza sempre più piccola, mentre la cacofonia di voci sovrapposte caratterizza lo spazio fino ai bordi più esterni di tale circonferenza. Al contrario, a nostro parere, il dibattito pubblico avviene all'interno di una sfera pubblica stratificata e diversificata, che non può essere più immaginata, con buona pace della lettura di Habermas, come coesa e unidimensionale. Piuttosto che rincorrere un'idea astratta e decontestualizzata, ha più senso riconoscere che la sfera pubblica è oggi sempre più caratterizzata da frammentazione ed elementi di *disruption* ma che questi vanno letti all'interno di un modello di sfera pubblica capace di ricomprendere l'unitarietà della differenza di una molteplicità di sfere attraversate da movimenti di divergenza e convergenza costanti e che sono stratificate [Bentivegna e Boccia Artieri 2020]. È possibile forse osservare in senso più astratto questa realtà come una post-sfera pubblica di transizione, caratterizzata da un processo di piattaformizzazione – e quindi di tecnocrazia emergente dall'assetto digitale – che va collocato nell'alveo della condizione postdemocratica e di depoliticizzazione contemporaneo [Sorice 2020], sottolineando l'improbabilità della costituzione di uno spazio comunicativo condiviso. Pragmaticamente però preferiamo sottolineare come il concetto di «post» non indichi semplicemente una periodizzazione, ovvero qualcosa che viene dopo la sfera pubblica borghese e ne sottolinea il superamento, ma, piuttosto, una differenza per grado di complessità. La post-sfera pubblica è una sfera pubblica osservata attraverso la lente della complessità, il che comporta sottolinearne la crescita di contingenza e indeterminatezza, e quindi dare conto di un'altrettanta complessità del dibattito pubblico di difficile ricomposizione nel flusso continuo e contingente di spazi dispersi e sovrapposti.

1. *La post-sfera pubblica nell'era della disintermediazione del dibattito pubblico*

Partendo dai livelli più astratti ci troviamo di fronte a «sfere pubbliche segmentarie», come quelle che in lette-

TAB. 1. *Post-sfera pubblica stratificata*

Sfere pubbliche segmentarie
Public sphericules
Issue publics
Networked publics

ratura sono definite *technologically driven* – si pensi agli studi sulla blogosfera [Reese *et al.* 2007] e sulla twittersfera [Bruns, Burgess e Highfield 2014] – o quelle che si riferiscono a specifici domini discorsivi, come ad esempio la *political public sphere* [Rasmussen 2014]. Queste sfere pubbliche tecnologiche o relative ad ambiti specifici rappresentano contesti che si sovrappongono e si distinguono dalla sfera pubblica habermasianamente intesa, senza scostarsi però dall'idea che esista un dibattito pubblico corrente e costante che riguarda pubblici allargati, selettivamente interessati o alla tematica o a un suo attraversamento tramite uno specifico contesto mediale, in modi più attivi o più passivi (pensiamo alla figura del blogger).

A un secondo livello troviamo poi lo strato di *public sphericules* [Cunningham 2001], costituiti dell'aggregazione di individui attorno a specifici temi (ad esempio i diritti umani) e che possono assumere anche la forma di contropubblici. Questi «sfericoli» ritagliano da domini più generali specifiche issue e riguardano gruppi specifici di interesse e pubblici più ristretti, non riflettendo necessariamente, né rappresentando empiricamente, il discorso della società. Da un punto di vista più generale e in un'ottica di globalizzazione, «forniscono, per le comunità disperse a livello globale, un luogo centrale per la comunicazione pubblica, mettono in scena differenze e discordie comuni in modo produttivo e lavorano per articolare identità etnospecifiche» [*ibidem*, 135]. Se consideriamo questi *public sphericules* nell'ambito di frammentazione della sfera pubblica e dell'ambiente informativo che rende più complesse le possibilità di produzione, distribuzione e consumo di informazione, possiamo osservare come l'aggregazione dia vita a un processo di *gatewatching* in cui blogger e *citizen journalists* identificano e si collegano o citano direttamente materiali rilevanti non appena disponibili. Attraverso tali processi, il contenuto viene riappropriato e reinserito nel dibattito pubblico oltre gli spazi convenzionali del palcoscenico virtuale dei mass media [Bruns 2008, 68].

A un livello meno astratto troviamo, invece, le aggregazioni attorno a specifiche issue che emergono quotidianamente e che trovano oggi, in particolare sul web e nelle piattaforme, il modo di rendere visibile e ricercabile un dibattito che spesso si dissolve in poco tempo e che coinvolge una molteplicità di attori istituzionali e non, gruppi di pressione e giornalisti ecc. Possiamo parlare in tal senso dell'emergere di «issue publics» [Habermas 2006] come luoghi attorno ai quali si concentrano l'attenzione conversazionale e l'interesse di un pubblico della politica. La volatilità e l'alternanza del successo delle diverse issue «sono influenzate dai discorsi quotidiani nei contesti informali o da episodi pubblici della società civile almeno quanto lo sono dal prestare attenzione alla stampa o ai media elettronici» [*ibidem*, 416]. Nella comunicazione politica la pratica di lanciare o sottolineare una specifica issue attraverso un hashtag rientra in questa volontà di aggregare e rendere visibili gli utenti dei social media in quanto cittadini che aderiscono a uno specifico punto di vista. E questo sia che venga giocato secondo una logica «dall'alto», attraverso ad esempio l'imposizione da parte della politica di uno specifico hashtag di supporto della propria posizione, sia che esso venga giocato secondo una logica «dal basso», come nel caso dell'*hashtag activism*, in cui cittadini attivi mirano ad aggregare altri cittadini. Va sottolineato come gli individui partecipino a una pluralità di issue tanto che «la sovrapposizione delle issue pubbliche può anche servire a contrastare tendenze di frammentazione» [*ibidem*, 422], suggerendo così come, nell'attraversamento di diversi temi, più che produrre l'effetto di *echo chambers* separate si finisca per renderle permeabili e interrelate dalle discorsività che convergono e divergono rispetto a temi che, comunque, si posizionano su un piano di visibilità emergente.

Un ulteriore livello di aggregazione è rappresentato dai *networked publics* [boyd 2010], in cui temi più personali e issue pubbliche tendono a convergere e sovrapporsi. In particolare, nella costruzione di reti sociali che miscelano dimensioni offline e online, e che trovano nelle piattaforme l'espressione più avanzata. Il dibattito pubblico si trova qui a strutturarsi nell'alternanza di momenti produttivi e di fruizione tra privato e pubblico, di utilizzo quindi di contenuti privati – narrazioni, immagini, video – per aggregarsi intorno a tematiche pubbliche e di utilizzo di contenuti pubblici – articoli di quotidiani, immagini di fotogiornalismo, video di news – nell'intento di rimarcare istanze personali e di gusto [Boccia Artieri *et al.* 2017]. Per gli individui che appartengono a *networked publics* online, l'intreccio di post, condivisioni, tweet, retweet, Storie su Instagram ecc. e delle migliaia di commenti, tagging e reaction che partecipano – attraverso gli algoritmi – a rendere più visibili certi contenuti confluisce nei contenuti fruiti dai legacy media (e che spesso riemergono negli spazi online) e nelle conversazioni faccia a faccia, attivate e/o intrecciate con quelle online. E questo perché parte dei pubblici degli ego-network online è costituita da persone che, in vari modi, vengono frequentate nella vita quotidiana. In tal senso «questi *networked publics* si uniscono e/o si disperdono attorno a legami di sentimento [...] convocandosi attraverso reti che sono rese discorsivamente da interazioni mediate», come li descrive Papacharissi [2016, 308] caratterizzandoli come *affective publics*. Questo patchwork di *networked publics* costituisce così il livello meno astratto – anche se sovraindividuale – in cui le tematiche della sfera pubblica e le diverse agende mediali personali rappresentano parte della tessitura di connessione. Il dibattito pubblico nella sua era di disintermediazione si costruisce e si riproduce così all'interno di una sfera pubblica sempre più stratificata, tra sfere pubbliche segmentarie, *public sphericules* tematici, *issue publics* e, a livello *grounded*, il patchwork di *neworked publics*, in cui agende personali e mediali si sovrappongono e intrecciano. Ed è in questo contesto che possiamo ripensare il dibattito pubblico come un campo di tensioni in cui si gioca il futuro della democrazia.

2. *Il campo di tensioni dell'era della disintermediazione del dibattito pubblico*

In questo lavoro abbiamo utilizzato il dibattito pubblico come luogo privilegiato di osservazione di quelle trasformazioni che producono le tensioni culturali e sociali che generano un nuovo campo in cui processi democratici, comunicativi e politici entrano in relazione. È questo un campo (fig. 2) in cui le influenze reciproche tra contesto democratico, mediale e degli attori in gioco si realizzano e vengono plasmate dal processo di disintermediazione. Cioè dalla progressiva messa in discussione di forme di intermediazione e dalla costruzione corrispondente di relazioni orientate da una crescita di orizzontalità, unitamente a una maggiore predisposizione a dinamiche di partecipazione.

Si tratta di processi facilitati e supportati dalle logiche del digitale, sempre più diffuse tra giornalisti, politici e cittadini, spesso suggerite dalle stesse strutture politiche, attraverso la costruzione di profili Twitter e Instagram, pagine Facebook, siti commentabili e iniziative di discussione online o attraverso sondaggi in tempo reale che orientano la comunicazione politica in modi nuovi. La nascita di partiti digitali o piattaforma, come il Movimento 5 Stelle in Italia, Podemos in Spagna, la France Insoumise in Francia o i Partiti Pirata dell'Europa del Nord, sono l'esemplificazione di realtà che

> hanno cavalcato la potenza comunicativa delle reti sociali come Facebook e Twitter o su canali dedicati su YouTube, per costruire una base attiva di sostenitori e simpatizzanti. Internamente esse hanno sviluppato una serie di piattaforme decisionali online per chiamare gli iscritti a discutere e votare su politiche, cariche interne e candidati [Gerbaudo 2018].

Abbiamo assistito a un progressivo processo di disintermediazione nelle campagne elettorali che ha coinvolto in modi sempre più complessi le relazioni dirette con gli elettori attraverso siti internet, app, canali Telegram, dirette Instagram e su Twitch che hanno quotidianizzato i discorsi su issue presenti anche nel comparto mediale più tradizionale.

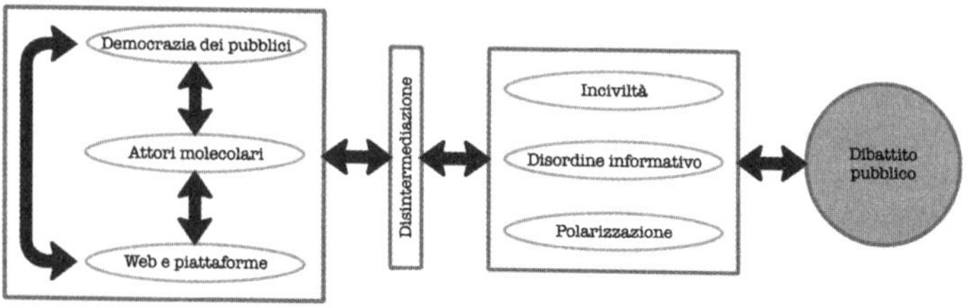

FIG. 2. Campo di tensioni del dibattito pubblico.

Un esempio è rappresentato dallo stile di comunicazione politica di Alexandria Ocasio-Cortez, che a 29 anni è diventata la più giovane parlamentare eletta al Congresso americano. Ocasio-Cortez che, come molte persone della sua età, era già presente online nei social media prima della sua candidatura, in particolare su Instagram, ha usato nei suoi rapporti con l'elettorato la sua esperienza da attivista che le ha consentito di costruire reti online che hanno aiutato la propagazione dei suoi contenuti e la sua visibilità crescente. Il suo modo di stare online è quello di una vera e propria influencer, capace di utilizzare gli stili propri del *personal branding* e di coinvolgere le persone «dal basso» secondo una logica di *grassroots advocacy*. Sia durante la campagna politica sia nella gestione successiva, i suoi contenuti non ruotavano attorno a specifiche issue politiche ma a lei come persona: sono i valori che incarna, la sua visione del mondo a diventare elementi programmatici per la politica, e non viceversa. E allo stesso modo il racconto online postelettorale è tratteggiato da micro-post e *stories* effimere (svaniscono dopo 24 ore), in cui mostra lo sguardo «ingenuo» di chi entra nei palazzi del potere o commenta la sua quotidianità con la propria community. Spesso utilizza Instagram Live per discutere approfonditamente con la sua online community di idee politiche e programmi specifici sull'assistenza sanitaria gratuita o l'*housing* sociale mentre prepara la cena con la sua pentola Instant Pot; oppure ha condiviso nelle Storie di Instagram consigli sulla routine di bellezza quotidiana, rispondendo alle domande della sua fanbase. Recentemente, ha invitato i suoi follower a seguirla su Twitch per una partita di *Among Us*, uno dei giochi di ruolo più diffusi da chi frequenta la piattaforma, coinvolgendo alcuni dei gamer più amati insieme a un numero elevatissimo di utenti. Sempre in modo coerente con il suo «abitare la rete» e nel frame dell'*ambivalent internet*, Ocasio-Cortez utilizza GIF per costruire campagne online che diffamano i suoi oppositori politici, nel più puro spirito del *trolling*, linguaggio aderente alle pratiche di discussione/opposizione online che viene utilizzato anche in chiave di comunicazione politica.

Su un altro versante, la disintermediazione viene esercitata attraverso il monitoraggio politico della popolarità e del *sentiment* online su temi che costituiscono un momento propedeutico alla produzione di contenuti diretti per la comunicazione politica. Ad esempio, Salvini ha utilizzato a lungo il sistema «La Bestia», così definito un po' mitologicamente dai giornalisti, che altro non è che un processo che utilizza in modo sistematico strumenti di monitoraggio online per leggere commenti e conversazioni, utile ai social media manager che gestiscono i suoi profili e quelli della Lega, per individuare momenti e temi sui quali prendere posizione, sfruttando magari una certa propensione dei pubblici online ad accordare attenzione e lasciarsi colpire emotivamente. Il dibattito pubblico che si genera attorno a questa comunicazione strategica trova a sua volta nei media tradizionali una cassa di risonanza che lo estende per poi rialimentarne la forza online, in un circuito di feedback che è tipico del contesto mediale ibrido e convergente.

Le dinamiche di disintermediazione alimentano e a loro volta vengono plasmate da quei fattori che abbiamo analizzato in termini di inciviltà (cap. II), disordine informativo (cap. III) e polarizzazione (cap. IV) e che, come abbiamo dimostrato, hanno una rilevanza nella costruzione del dibattito pubblico ma non hanno certamente il potere di distruggerlo, essendo sintomi della sua trasformazione piuttosto che causa della sua fine. Ed è proprio l'analisi di questi elementi che ci ha consentito di leggere le principali tensioni trasformative del campo.

3. *Un dibattito pubblico incivile, disinformato e polarizzato: cause o sintomi?*

L'inciviltà della politica si presenta oggi come un agire performativo dei soggetti prodotto attraverso discorsi e pratiche comunicative. L'inciviltà si trasforma in una risorsa strategica per alimentare polarizzazioni nell'elettorato, per costruire scorciatoie emotive che portino a rinsaldare l'adesione del proprio elettorato attorno a chi le utilizza e indicare chi le subisce (un avversario politico, una categoria sociale o etnica) come un soggetto privo di legittimità interlocutoria, dunque politica. Rappresenta in tal senso un fattore che mette certamente in crisi e mina il dibattito pubblico, spezzando e spesso rendendo impossibile il confronto pubblico e argomentativo, tagliando i ponti a una possibile ricomposizione dialettica. D'altra parte, attraverso la crescente disintermediazione dei rapporti tra cittadini, politici e giornalisti sempre più alimentata, ma vale la pena di ribadirlo non generata, dalle piattaforme digitali, assistiamo all'affermarsi e al rendersi visibile di un *everyday political talk* sempre più radicale. Detto altrimenti, quello che vediamo è la normalizzazione di un uso di linguaggio incivile come forma espressiva e di aggregazione identitaria che si inserisce su una forma di comunicazione politica che utilizza modalità che portano il discorso politico all'interno di forme del quotidiano dell'elettorato, capaci cioè di mettere in atto un rispecchiamento: parliamo allo stesso modo. È in tal senso che leader politici scelgono di performare l'inciviltà come marcatura distintiva alternativa al politicamente corretto, ai linguaggi attribuibili alle élite e all'establishment, così che il proprio elettorato possa maggiormente identificarvisi. La scorrettezza linguistica, l'uso di espressioni offensive, di modalità ingannevoli e comportamenti che tendono a zittire l'altro e chiudere la conversazione assumono cioè un valore proprio nella democrazia dei pubblici, nel contesto della post-politica e dell'antipolitica, come tratto distintivo che serve a smarcarsi rispetto al passato, a indicare attraverso linguaggi e retoriche una differenza tangibile e utilizzabile come lessico comune sotto forma di slogan, modalità di riferirsi agli avversari politici ecc.

Come abbiamo evidenziato, gli stessi media generalisti hanno dato visibilità a queste forme come modalità per interessare le audience. Ma oggi, in un'era digitale e caratterizzata dal possibile *empowerment* comunicativo degli utenti, sono gli stessi cittadini-elettori a poterle performare come *engagement* online, in una tensione tra coinvolgimento politico, partecipazione occasionale o di pseudo-intrattenimento. I media digitali amplificano queste voci e gli algoritmi delle piattaforme influenzano la diffusione dell'informazione distorcendo la percezione della realtà, mentre i media tradizionali, secondo le logiche dell'ecosistema mediale ibrido, rischiano di fare da propellente dando visibilità e amplificando le fiamme di inciviltà che si riproducono online.

D'altra parte, la stessa evoluzione del web sociale e delle culture internet ha avuto un ruolo rilevante nella normalizzazione di questi linguaggi, contribuendo a sdoganare un istinto politicamente scorretto e una sensibilità estetica per forme capaci di riprodurlo, come meme, *prank*, foto e videomontaggi ecc. Questa tensione è particolarmente evidente oggi nell'emergere del linguaggio dell'*alt-right* che rappresenta la popolarizzazione di sottoculture web che sono cresciute in modo indipendente: le retoriche aggressive utilizzate online dai troll, dai burloni che postavano meme di Pepe the Frog, dai frequentatori di canali 4chan che usavano linguaggi offensivi e violenti, dalla comunità misogina online *The Red Pill* presente su Reddit che esprimeva opinioni tossiche sulle donne ecc. Come evidenzia l'analisi fatta da Angela Nagle [2018], l'*alt-right* è l'insieme di queste tendenze «cresciute indipendentemente le une dalle altre, che si ritrovarono a combattere le guerre culturali degli ultimi anni schierate fianco a fianco sotto le insegne di una nascente politica culturale ostile alla correttezza» [*ibidem*, 31]. Abbiamo cioè progressivamente assistito a un declino dei quotidiani e delle televisioni come arene generaliste del dibattito pubblico e alla simultanea affermazione delle nuove piattaforme mediali online che hanno riempito il vuoto creatosi. Negli anni della presidenza Obama, i *millennials* liberal e acculturati hanno usato piattaforme come Facebook e Twitter per informarsi e condividere idee, hanno promosso un'identità liberal attraverso siti di news online e video su YouTube. Il linguaggio dell'inciviltà online potrebbe essere letto, quindi, come una forma resistente e alternativa a questa deriva partecipativa e liberista, figlia del cyber-utopismo di internet, che ha trovato negli stessi ambienti mediali spazio di crescita e valorizzazione della propria differenza nella contrapposizione.

Con questo non vogliamo sostenere che un innalzamento di tossicità nella comunicazione politica dipenda unicamente dalla rete, piuttosto che la disintermediazione supportata dalla *network logic* abbia plasmato un contesto della politica che si stava orientando a una democrazia dei pubblici, dando visibilità a una pluralità sempre meno filtrata di discorsi, in cui la selettività informativa diventa più complessa e le issue politiche diventano occasioni identitarie da spendere in contesti comunicativi in cui dimensione pubblica e dimensione privata presentano confini sempre più sfumati.

Il dibattito pubblico diventa quindi un contesto maggiormente soggetto al disordine informativo, come spiegato nel terzo capitolo, che ha messo sotto la lente d'ingrandimento del giornalismo e della ricerca, quando non dello stesso discorso politico, gli elementi di disinformazione e propaganda. Le occasioni elettorali internazionali degli ultimi anni sono state segnate dall'attenzione per la diffusione di *fake news*, per gli effetti della possibile manipolazione mediale e per le azioni di propaganda guidata dall'organizzazione di comportamenti inautentici online. La sorprendente sincronizzazione dell'azione online di gruppi d'interesse, partiti politici, attivisti e pubblici più indifferenziati aizzati da post che puntano l'attenzione su elementi divisivi, hashtag che rilanciano slogan polarizzanti, campagne capaci di scatenare vere e proprie *cybercascades* di contenuti degli utenti segnate da odio e disprezzo per chi è individuato come un nemico, è una realtà sempre più all'ordine del giorno nell'arena politica. Le ricerche ci hanno dimostrato come il consumo e la partecipazione a queste realtà online riguardino tutto sommato nicchie di pubblico e che seppure occorra vigilare su tali fenomeni e accrescere le competenze digitali delle persone affinché siano più consapevoli nell'affrontare gli ambiti informativi (e quindi anche disinformativi), sono i media tradizionali a rischiare di espanderne l'effetto. La disintossicazione informativa ha a che fare quindi, innanzitutto, in modo significativo con la capacità di rimettere al centro delle culture professionali dei media e dei discorsi mediali, così come della comunicazione politica, un'etica del discorso che sappia superare il perseguimento delle polarizzazioni dei pubblici come modello elettorale e di business. D'altra parte, abbiamo evidenziato (cap. III) come esistano forme di resilienza sociale alla cattiva informazione che sono il prodotto di un mix di fattori che dipendono da caratteristiche strutturali nei diversi paesi, quali il livello di polarizzazione e partigianeria presente nella società, le specificità del mercato dell'informazione in relazione alla sua sensibilità a contenuti mordi-e-fuggi e il livello più generale di fiducia nei media. Occorre quindi un approccio sistemico al disordine informativo che sappia individuare leve di stampo macro su cui agiscano le politiche pubbliche in termini di regolamentazioni, oltre alla strutturazione di programmi educativi che partano dalla consapevolezza di come una specifica cultura dell'informazione e dell'uso dei media – *in primis* digitali, oggi – possa definire un campo di cittadinanza consapevole, che sia cioè capace di innalzare il livello di democrazia nel dibattito pubblico.

Da questo punto di vista, una via istituzionale intrapresa è rappresentata dalla proposta della Commissione europea contenuta nel *Digital Service Act* che si occupa di regolamentare le piattaforme che consentono la produzione, la distribuzione e il consumo di informazioni, comprese la dimensione espressiva e le conversazioni fra utenti, quindi quelle realtà in cui il dibattito pubblico si alimenta e rappresenta. Al di là della discussione in atto circa il tipo di regole da applicare e i loro effetti, questo genere di proposta costituisce una interessante via europea che mette a tema come le piattaforme siano una realtà sempre più centrale per i diritti dei cittadini e la costruzione della sfera pubblica, e come la diffusione di contenuti incivili e disinformativi rappresenti un effetto perverso di cui farsi carico, sia a livello delle stesse piattaforme, con meccanismi di moderazione dei contenuti, sia attraverso la promozione di politiche di diligenza, trasparenza e collaborazione con gli Stati. Sul piano educativo l'Italia ha introdotto nel 2019 il percorso di formazione all'uso consapevole del digitale previsto nel quadro dell'insegnamento dell'educazione civica che, pur se limitato a 11 ore complessive, rappresenta il segnale di una sensibilizzazione a questa macrovariabile. Per non parlare di diverse iniziative nate dalla cittadinanza stessa, come il progetto Parole O_Stili[1], proposto dal 2017 come progetto sociale di sensibilizzazione contro la violenza delle parole e che si attua sia attraverso diverse iniziative educative in collaborazione con le istituzioni sia come permanente attività culturale di mobilitazione.

Quello che serve, in senso più autentico e generalizzato, è un pensiero capace di unire dimensione critica e dimensione etica e di generare uno slancio che porti a reagire alla dimensione inquinante della comunicazione, in direzione di un'apertura non pregiudiziale all'altro da sé. Come spiega Fausto Colombo nel suo volume *Ecologia dei media. Manifesto per una comunicazione gentile*:

> Occorrerà anche chiedersi se il grado di sviluppo oggi raggiunto dalle piattaforme non debba suggerire in chiave ecologica (rappresentazione più adeguata e coerente del mondo, riconoscimento dell'alterità dell'interlocutore) alcune scelte piuttosto che altre, visto che gli attuali media, per la loro stessa struttura, agiscono in una logica economica della visibilità, e quindi finiscono per incentivare comportamenti e discorsi online capaci di generare reazioni, indipendentemente dal loro valore sociale e umano [Colombo 2020, 99].

Il tema del disordine informativo legato alle piattaforme porta però con sé domande che hanno una portata ancora più profonda. Ethan Zucherman, ricercatore e direttore dell'Institute for Digital Public Infrastructure, ritiene che una risposta non stia tanto in una maggiore regolamentazione che coinvolga i governi nel controllo delle piattaforme, quanto in una visione diversa dei social media come infrastrutture pubbliche che sono possedute e moderate dalle comunità che le abitano:

> Le piattaforme ci hanno reso un vero disservizio togliendo queste discussioni dalle nostre mani per consegnarle ad algo-

ritmi e moderatori malpagati che stanno all'estero. Dobbiamo discutere quale tipo di discorso pubblico e comportamento accetteremo e chi vogliamo essere come società. Una società che abbandona questa responsabilità abdica a un aspetto chiave della piena cittadinanza [Zucherman 2020][2].

Un discorso pubblico in cui comunque le *fake news* e la propaganda resteranno presenti nei prossimi anni poiché, come abbiamo evidenziato nel nostro lavoro, rappresentano un genio che difficilmente verrà rimesso nella bottiglia. Esse sono l'indicatore, infatti, di una deriva emotiva della comunicazione politica e del modo di viverla, spesso utilizzate come marcatore identitario o come realtà in cui identificarsi, anche nella consapevolezza delle falsità che contengono e che vengono utilizzate per un attivismo fuorviante:

> La nostra comprensione del potere dei media (e di cosa significhi definire propaganda qualcosa) deve fare spazio a una *varietà* di potenziali influenze individuali e collettive. Ciò include *corporations*, gruppi di interesse, gruppi di attivisti e altri collettivi tradizionali; dovrebbe includere anche le nuove forme di presenza individuale e collettiva che le comunicazioni digitali facilitano. Ciò include gli attori online sponsorizzati dallo stato *e* i collettivi di utenti *ad hoc* [Jack 2017].

È questo che caratterizza un clima culturale che chiamiamo di «post-verità», in cui la «verità» diviene un terreno di contrapposizione e di scontro, un modo di indicare un'appartenenza a un regime di realtà che ha radici più profonde e diffuse, che rimanda a diverse visioni del mondo capaci di collassare attorno a slogan e ai loro concetti guida: vaccinisti/antivaccinisti, pro-mask/no-mask, abortisti/antiabortisti ecc. Ed è in questo tipo di contesto che la polarizzazione sembra avere gli effetti più evidenti.

Abbiamo infatti esaminato come le ricerche evidenzino che il tasso personale di partigianeria va correlato positivamente alle forme di autosegregazione informativa e che quindi l'effetto delle camere dell'eco o delle bolle informative come realtà *sui generis* a forte eteroproduzione va, quantomeno, mitigato. Anche qui possiamo dire che filter bubble e camere dell'eco più che cause dirette della trasformazione del dibattito pubblico ne siano i sintomi, cioè che la loro sopravvalutazione sia dovuta a un panico morale circa gli effetti che i media, mainstream e digitali, hanno sulla società. Allontanarci dal mediacentrismo che tale panico porta con sé non significa sottovalutare le funzioni che i media mainstream, le piattaforme e gli algoritmi hanno nella trasformazione della politica ma più correttamente domandarci quali siano le tensioni che hanno portato all'ascesa del populismo e all'accentuazione della polarizzazione all'interno di diverse democrazie [Bruns 2019], e in che modo la realtà delle piattaforme e quella dell'ecosistema dei media più generale modellino tali tensioni supportandole o ostacolandole. Tanto più che, come abbiamo sottolineato a più riprese nel nostro lavoro, la dimensione partecipativa è diventata una retorica di una comunicazione politica sempre più affettiva e identitaria, e il sistema mediale contemporaneo ibrido e convergente ne modella i processi in chiave sia positiva sia negativa, partecipando all'esaltazione di dinamiche di fandom così come di anti-fandom politico.

4. *Emozione, selezione e distinzione: le tensioni attive del dibattito pubblico*

La politica si è generalizzata costruendo realtà sempre più *relatable*, cioè familiari, nelle quali riconoscersi e (letteralmente) da condividere. Si tratta di pratiche che sono stimolate dal nuovo ecosistema dei media, e in particolare dalle piattaforme, che ricompensano le logiche di *engagement* attraverso le forme di mediazione operate dagli algoritmi. Gli stessi algoritmi presiedono, in definitiva, agli andamenti della popolarizzazione dei contenuti, indirizzando le strategie di comunicazione politica online; ad esempio, la modifica dell'algoritmo di Facebook che ha cominciato a dare maggiore visibilità alle dirette video ha dato il via a una costante pratica in tal senso dei leader politici che hanno colto l'opportunità di spingere la disintermediazione con il corpo elettorale verso nuovi orizzonti potenzialmente più interpersonali e quotidiani. E nel contesto di convergenza e ibridazione, i mass media partecipano da una parte all'amplificazione dei discorsi e delle controversie emerse online e, dall'altra, offrono contenuti da trattare online secondo logiche ambivalenti, capaci di creare un discorso pubblico complessivo allo stesso tempo informato e disinformato ma che, nel suo essere orientato alla partecipazione, chiede di prendere posizione attraverso dinamiche di *engagement*. Partecipazione che contempla sia un versante di luce che un lato oscuro, come abbiamo visto emergere negli ultimi anni attorno alle molte pratiche di *dark participation* attorno a contenuti mediali incivili, disinformativi e polarizzanti. Pratiche utili, come quelle di partecipazione positiva, ad appoggiare una propria adesione a una visione del mondo e ai suoi sostenitori politici, solo che vengono messe in campo contro l'avversario e le sue idee piuttosto che a sostegno diretto della propria posizione politica.

Il dibattito pubblico ha visto quindi accentuate tensioni specifiche di tipo emotivo, selettivo e di distinzione nei processi di disintermediazione. La visibilità dell'inciviltà è l'effetto corrispondente in tal senso di una vocazione a un'appartenenza emozionale, capace di far leva su sentimenti profondi dell'elettorato; la selettività risente delle trasformazioni sociali, politiche e dell'economia dei media relative alle possibilità di accesso, produzione e circolazione di contenuti dell'informazione, e che si confrontano con la generazione di un contesto di *information disorder*; mentre la polarizzazione rappresenta un principio guida nel sistema di produzione e consumo delle differenze nel dibattito pubblico.

Internet diventa in tale contesto uno strumento espressivo utile a destabilizzare le strutture comunicative e le visioni del mondo degli altri, in una ambivalenza continua tra unitarietà e conflitto, tra razionalità e affettività [Phillips e Milner 2017]. Il versante emotivo e con rimandi all'esperienza diretta, che connota molti dei contenuti della politica nell'era della post-verità, non è in contraddizione con una dimensione razionale: affettività e razionalità non vanno pensate come poli oppositivi o alternative binarie ma nel loro aggrovigliarsi e rimandarsi a vicenda. Le persone prestano razionalmente le loro voci (producendo e condividendo contenuti online) per sintonizzarsi affettivamente [Papacharissi 2015] con altre persone e la loro partecipazione produce un'esperienza emotiva capace di riflettersi sul loro pensiero.

Il discorso antagonista si amplifica in una cacofonia di voci, non sempre chiaramente riconducibili a una posizione chiara e definita, che contribuiscono ad alzare la tensione del discorso pubblico, a propagare uno specifico sentimento, attraverso modalità ironiche o volgari, manipolando contenuti originali, dando loro la forma di *fakes*, costruendo *hoaxes*, attraverso pagine Facebook dall'apparenza satirica ecc. Le affordance delle piattaforme, le loro policy e i comportamenti impulsivi degli utenti consentono la propagazione e la visibilità di specifici contenuti che funzionano come marcatori del proprio gusto e che diventano parte della narrazione di sé online. Il circuito più generale dei media incorpora poi tali voci per darne conto e nel tentativo di smascherarle, finendo per amplificarne la visibilità e diffonderle a strati della popolazione superiori a quelli coinvolti dagli ambienti digitali. La comunicazione politica si avvale strategicamente di questa polarizzazione antagonista e spesso la alimenta attraverso messaggi che i singoli politici hanno imparato a produrre e distribuire attraverso i propri account, raggiungendo le loro nicchie di attivisti online e venendo ripresi dai media mainstream che amplificano dirette video, post o videomessaggi fornendo loro un palcoscenico molto più ampio e popolare.

Le condizioni culturali e tecnologiche di quella che chiamiamo post-verità affondano quindi all'interno di trasformazioni sociali e comunicative profonde di cui abbiamo appena cominciato a esplorare la superficie e che si muovono ai margini del discorso pubblico nei media, per poi esplodere, imprevedibili, sulla scena in determinate occasioni. Il dibattito pubblico sopravvive, quindi, caratterizzato dalle tensioni che lo attraversano e continua a rappresentare un luogo da cui osservare le trasformazioni della democrazia e le sue contraddizioni. D'altra parte, vale sempre la lezione che Antonio Gramsci ci ha insegnato nei suoi *Quaderni del carcere*:

> non è vero che il peso delle opinioni dei singoli sia «esattamente» uguale. Le idee e le opinioni non «nascono» sponta-

neamente nel cervello di ogni singolo: hanno avuto un centro di formazione, di irradiazione, di diffusione, di persuasione, un gruppo di uomini o anche una singola individualità che le ha elaborate e presentate nella forma politica d'attualità (Quaderno 13, XXX, § 30).

NOTE ALL'EPILOGO

[1] Parole O_Stili nasce come un progetto «dal basso» su iniziativa di Rosy Russo che lancia un appello in rete nei primi giorni dell'ottobre 2016 chiedendo «possiamo, insieme, formulare una serie di princìpi che aiutino tutti a comunicare più civilmente e consapevolmente in Rete?». Da qui nasce il *Manifesto della comunicazione non ostile* in 10 punti che viene presentato a Trieste il 17-18 febbraio 2017 in occasione di un primo evento pubblico. Parole O_Stili è oggi un'associazione no-profit che organizza iniziative di sensibilizzazione e formazione sui temi dell'educazione civica al digitale (https://paroleostili.it/).

[2] Accessibile in rete (https://edition.cnn.com/2021/01/12/opinions/twitter-trump-silenced-zuckerman/index.html).

RIFERIMENTI BIBLIOGRAFICI

RIFERIMENTI BIBLIOGRAFICI

Aalberg, T., Strömbäck, J. e de Vreese, C.H.
2012 *The framing of politics as strategy and game: A review of concepts, operationalizations and key findings*, in «Journalism», 13, 2, pp. 162-178.

AA.VV.
2018 *A Multi-dimensional Approach to Disinformation*, Luxembourg, Publications Office of the European Union.

Abramowitz, A.I. e Saunders, K.L.
2008 *Is polarization a myth?*, in «The Journal of Politics», 70, 2, pp. 542-555.

Abramowitz, A.I. e Webster, S.
2016 *The rise of negative partisanship and the nationalization of US elections in the 21st century*, in «Electoral Studies», 41, pp. 12-22.

Adamic, L.A. e Glance, N.
2005 *The political blogosphere and the 2004 US election: Divided they blog*, in *Proceedings of the 3rd International Workshop on Link Discovery*, New York, ACM Press, pp. 36-43.

Ahmed, S.
2014 *The Cultural Politics of Emotion*, Edinburgh, Edinburgh University Press.

Allcott, H. e Gentzkow, M.
2017 *Social media and fake news in the 2016 election*, in «Journal of Economic Perspectives», 31, 2, pp. 211-236.

Allen, J., Howland, B., Mobius, M., Rothschild, D. e Watts, D.J.
2020 *Evaluating the fake news problem at the scale of the information ecosystem*, in «Science Advances», 6, eaay3539 (DOI:10.1126/sciadv.aay3539; http:/advances.sciencemag.org/).

Anderson, A.A., Brossard, D., Scheufele, D.A., Xenos, M.A. e Ladwig, P.
2014 *The «nasty effect»: Online incivility and risk perceptions of emerging technologies*, in «Journal of Computer-Mediated Communication», 19, 3, pp. 373-387.

Anderson, C.A., Lepper, M.R. e Ross, L.
1980 *Perseverance of social theories: The role of explanation in the persistence of discredited information*, in «Journal of Personality and Social Psychology», 39, 6, pp. 1037-1049.
Anderson, C.W.
2020 *The state(s) of things. 20 years of journalism studies and political communication*, in «Comunicazione politica», 21, 1, pp. 47-62.
Arceneaux, K. e Johnson, M.
2013 *Changing Minds or Changing Channels? Partisan News in an Age of Choice*, Chicago, The University of Chicago Press.
Antonelli, G.
2017 *Volgare eloquenza. Come le parole hanno paralizzato la politica*, Roma-Bari, Laterza.

Bail, C.A., Argyle, L.P., Brown, T.W., Bumpus, J.P., Chen, H., Hunzaker, M.F. e Volfovsky, A.
2018 *Exposure to opposing views on social media can increase political polarization*, in «Proceedings of the National Academy of Sciences», 115, 37, pp. 9216-9221.
Bakir, V. e McStay, A.
2018 *Fake news and the economy of emotions: Problems, causes, solutions*, in «Digital Journalism», 6, 2, pp. 154-175.
Bakshy, E., Messing, S. e Adamic, L.A.
2015 *Exposure to ideologically diverse news and opinion on Facebook*, in «Science», 348, 6239, pp. 1130-1132.
Barberá, P.
2020 *Social media, echo chambers, and political polarization*, in N. Persily e J.A. Tucker (a cura di), *Social Media and Democracy: The State of the Field, Prospects for Reform*, Cambridge, Cambridge Univeristy Press, pp. 34-55.
Barberá, P., Jost, J.T., Nagler, J., Tucker, J.A. e Bonneau, R.
2015 *Tweeting from left to right: Is online political communication more than an echo chamber?*, in «Psychological Science», 26, 10, pp. 1531-1542.
Barberá, P. e Rivero, G.
2015 *Understanding the political representativeness of Twitter users*, in «Social Science Computer Review», 33, 6, pp. 712-729.
Barile, N.
2019 *Politica a bassa fedeltà: nuovi populismi, tradimento dell'elettorato e comunicazione digitale dei leader*, Milano, Mondadori Università.

Barisione, M.
2020 *Contro il comunicazionismo. Per una critica del riduzionismo comunicativo*, in «Comunicazione politica», 3, pp. 347-370.
Bastos, M.T. e Mercea, D.
2019 *The Brexit botnet and user-generated hyperpartisan news*, in «Social Science Computer Review», 37, 1, pp. 38-54.
Beck, U.
1997 *The Reinvention of Politics*, Cambridge, Polity Press.
Bennett, W.L.
2003 *Lifestyle politics and citizen-consumers: Identity, communication and political action in late modern society*, in J. Corner e D. Pels (a cura di), *Media and the Restyling of Politics: Consumerism, Celebrity and Cynism*, London, Sage, pp. 137-150.
Bennett, W.L. e Entman, R.M.
2000 (a cura di), *Mediated Politics. Communication in the Future of Democracy*, Cambridge, Cambridge University Press.
Bennett, W.L. e Iyengar, S.
2008 *A new era of minimal effects? The changing foundations of political communication*, in «Journal of Communication», 58, 4, pp. 707-731.
Bennett, W.L. e Pfetsch, B.
2018 *Rethinking political communication in a time of disrupted public spheres*, in «Journal of Communication», 68, 2, pp. 243-253.
Bennett, W.L. e Segerberg, A.
2013 *The Logic of Connective Action: Digital Media and the Personalization of Contentious Politics*, Cambridge, Cambridge University Press.
Bentivegna, S.
2006 *Rethinking politics in the world of ICTs*, in «European Journal of Communication», 21, 3, pp. 331-343.
2020 *Public opinion*, in P. Harris, A. Bitonti, C.S. Fleisher e A. Skorkjær Binderkrantz (a cura di), *The Palgrave Encyclopedia of Interest Groups, Lobbying and Public Affairs*, Cham, Palgrave Macmillan.
Bentivegna, S. e Boccia Artieri, G.
2019 *Le teorie delle comunicazioni di massa e la sfida digitale*, Roma-Bari, Laterza.
2020 *Rethinking public agenda in a time of high-choice media environment*, in «Media and Communication», 8, 4, pp. 6-15.

Bentivegna, S. e Rega, R.
2020 *I discorsi d'odio online in una prospettiva comunicativa: un'agenda per la ricerca*, in «Mediascapes Journal», 16, pp. 151-171.
Berelson, B. e Janowitz, M.
1950 (a cura di), *Reader in Public Opinion and Communcation*, New York, The Free Press of Glencoe.
Berry, J.M. e Sobieraj, S.
2014 *The Outrage Industry: Political Opinion Media and the New Incivility*, New York, Oxford University Press.
Bimber, B.
2003 *Information and American Democracy: Technology in the Evolution of Political Power*, Cambridge, Cambridge University Press.
Biorcio, R. e Natale, P.
2013 *Politica a 5 stelle. Idee, storia e strategie del movimento di Grillo*, Milano, Feltrinelli.
Blumler, J.G.
2016 *The fourth age of political communication*, in «Politiques de communication», 1, pp. 19-30.
2018 *The crisis of public communication, 1995-2017*, in «Javnost-The Public», 25, 1-2, pp. 83-92.
Boatright, R.G.
2019 *A crisis of civility?*, in Boatright, Shaffer, Sobieraj e Young [2019, 1-6].
Boatright, R.G., Shaffer, T.J., Sobieraj, S. e Young, D.G.,
2019 (a cura di), *A Crisis of Civility? Political Discourse and Its Discontents*, London, Routledge.
Boccia Artieri, G., Brilli, S. e Zurovac, E.
2021 *Below the radar: Private groups, locked platforms, and ephemeral content – Introduction to the special issue*, in «Social Media + Society», 7, 1.
Boccia Artieri, G. e Farci, M.
2020 *Le emozioni dell'alt-right: la dimensione neoliberale e affettiva delle piattaforme*, in «Sociologia della comunicazione», 59, pp. 83-105.
Boccia Artieri, G., Gemini, L., Pasquali, F., Carlo, S., Farci, M. e Pedroni, M.
2017 *Fenomenologia dei social network. Presenza, relazioni e consumi mediali degli italiani online*, Milano, Guerini e Associati.
Boccia Artieri, G. e Marinelli, A.
2018 *Introduzione: piattaforme, algoritmi, formati. Come sta evolvendo l'informazione online*, in «Problemi dell'informazione», 43, 3, pp. 349-368.

Borah, P.
2014 *Does it matter where you read the news story? Interaction of incivility and news frames in the political blogosphere*, in «Communication Research», 41, 6, pp. 809-827.

Bordignon, F. e Ceccarini, L.
2015 *The Five-Star Movement: A hybrid actor in the net of state institutions*, in «Journal of Modern Italian Studies», 20, 4, pp. 454-473.

Born, K. e Edgington, N.
2017 *Analysis of philanthropic opportunities to mitigate the disinformation/propaganda problem*, in «Hewlett Foundation», (https://www.hewlett.org/wp-content/uploads/2017/11/Hewlett-Disinformation-Propaganda-Report.pdf).

Boromisza-Habashi, D.
2013 *Speaking Hatefully: Culture, Communication, and Political Action in Hungary*, University Park, Pennsylvania State Press, vol. 6.

Bossetta, M.
2018 *The digital architectures of social media: Comparing political campaigning on Facebook, Twitter, Instagram, and Snapchat in the 2016 US election*, in «Journalism and Mass Communication Quarterly», 95, 2, pp. 471-496.

boyd, d.
2017 *Google and Facebook can't just make fake news disappear*, in «Wired», www.wired.com/2017/03/google-and-facebook-cant-just-make-fake-news-disappear.
2010 *Social network sites as networked publics: Affordances, dynamics, and implications*, in Z. Papacharissi (a cura di), *Networked Self: Identity, Community, and Culture on Social Network Sites*, New York, Routledge, pp. 39-58.

Boykoff, M.T. e Boykoff, J.M.
2004 *Balance as bias: Global warming and the US prestige press*, in «Global Environmental Change», 14, 2, pp. 125-136.

Boxell, L., Gentzkow, M. e Shapiro, J.M.
2017 *Is the internet causing political polarization? Evidence from demographics*, National Bureau of Economic Research Working Paper 23258 (http://www.nber.org/papers/w23258).

Bratslavsky, L., Carpenter, N. e Zompetti, J.
2020 *Twitter, incivility, and presidential communication: A theoretical incursion into spectacle and power*, in «Cultural Studies», 34, 4, pp. 593-624.

Brenan, M.
2020 *Americans Remain Distrustful of Mass Media, News Gallup* (https://news.gallup.com/poll/321116/americans-remain-distrustful-mass-media.aspx).
Brooks, D.J. e Geer, J.G.
2007 *Beyond negativity: The effects of incivility on the electorate*, in «American Journal of Political Science», 51, 1, pp. 1-16.
Brundidge, J.
2010 *Encountering «difference» in the contemporary public sphere: The contribution of the Internet to the heterogeneity of political discussion networks*, in «Journal of Communication», 60, 4, pp. 680-700.
Bruns, A.
2008 *Life beyond the public sphere: Towards a networked model for political deliberation*, in «Information Polity», 13, 1-2, pp. 71-85.
2019 *Are Filter Bubbles Real?*, Cambridge, Polity Press.
Bruns, A., Burgess, J. e Highfield, T.
2014 *A «big data» approach to mapping the Australian Twittersphere*, in P.L. Arthur e K. Bode (a cura di), *Advancing Digital Humanities: Research, Methods, Theories*, London, Palgrave Macmillan, pp. 113-129.
Bruns, A., Moon, B., Münch, F. e Sadkowsky, T.
2017 *The Australian Twittersphere in 2016: Mapping the Follower/Followee Network*, in «Social Media + Society», 3, 4, pp. 1-15 (https://doi.org/10.1177/2056305117748162).

Calise, M. e Musella, F.
2019 *Il principe digitale*, Bari, Laterza.
Cappella, J.N. e Jamieson, K.H.
1997 *Spiral of Cynicism: The Press and the Public Good*, New York, Oxford University Press.
Castells, M.
2014 *Comunicazione e potere*, Milano, EGEA.
Ceccarelli, F.
2018 *Invano. Il potere in Italia da De Gasperi a questi qua*, Milano, Feltrinelli.
Ceccarini, L.
2015 *La cittadinanza online*, Bologna, Il Mulino.
Cerasa, C.
2020 *Il dopo Trump e tutti i pozzi avvelenati in quattro anni di dibattito pubblico intossicato*, in «Il Foglio», 7 novembre (https://www.ilfoglio.it/esteri/2020/11/07/news/il-dopo-trump-e-tutti-i-pozzi-avvelenati-in-quattro-anni-di-dibattito-pubblico-intossicato-1387580/).

Chadwick, A.
2013 *The Hybrid Media System: Power and Politics*, New York, Oxford University Press.
Chadwick, A. e Vaccari, C.
2019 *News sharing on UK social media: Misinformation, disinformation, and correction*, in «Loughborough: Online Civic Culture Centre», Report Loughborough University.
Chen, G.M.
2017 *Online Incivility and Public Debate: Nasty Talk*, Cham, Springer.
Click, M.A.
2019 (a cura di), *Anti-fandom: Dislike and Hate in the Digital Age*, New York, New York University Press.
Coe, K., Kenski, K. e Rains, S.A.
2014 *Online and uncivil? Patterns and determinants of incivility in newspaper website comments*, in «Journal of Communication», 64, 4, pp. 658-679.
Coe, K. e Park-Ozee, D.
2020 *Uncivil name-calling in the US presidency, 1933-2018*, in «Presidential Studies Quarterly», 50, 2, pp. 264-285.
Colombo, F.
2020 *Ecologia dei media. Manifesto per una comunicazione gentile*, Milano, Vita e Pensiero.
Couldry, N.
2015 *Sociologia dei nuovi media. Teoria sociale e pratiche mediali digitali*, Milano, Pearson.
Crouch, C.
2010 *Postdemocrazia*, Roma-Bari, Laterza.
Crozier, M., Huntington, S.P. e Watanuki, J.
1977 *La crisi della democrazia. Rapporto sulla governabilità delle democrazie alla Commissione trilaterale*, Milano, Angeli.
Cunningham, S.
2001 *Popular media as public «sphericules» for diasporic communities*, in «International Journal of Cultural Studies», 4, 2, pp. 131-147.
Cushion, S. e Thomas, R.
2018 *Reporting Elections: Rethinking the Logic of Campaign Coverage*, London, Wiley.

Dahlgren, P.
2013 *The Political Web: Media, Participation and Alternative Democracy*, New York, Palgrave Macmillan.
Davies, W.
2019 *Stati nervosi. Come l'emotività ha conquistato il mondo*, Torino, Einaudi.

Davis, A.
2019 *Political Communication: A New Introduction for Crisis Times*, Cambridge, Polity Press.
Dewey, J.
1922 *Public opinion*, in «The New Republic», 30, pp. 286-288.
1925 *Pratical democracy*, in «The New Republic», 45, pp. 52-54.
Diamanti, I.
2014a *Democrazia ibrida*, Roma-Bari, Laterza.
2014b *Oltre la democrazia del pubblico*, in «Comunicazione politica», 14, 3, pp. 581-590.
Di Gregorio, L.
2019 *Demopatìa. Sintomi, diagnosi e terapie del malessere democratico*, Soveria Mannelli, Rubbettino.
Dimock, M. e Wike, R.
2020 *America Is Exceptional in the Nature of Its Political Divide*, Washington DC, Pew Research Center (https://www.pewresearch.org/fact-tank/2020/11/13/america-is-exceptional-in-the-nature-of-its-political-divide/).
Doctorow, C.
2017 *Three kinds of propaganda, and what to do about them/ Boing Boing*, in «Boing Boing» (https://boingboing.net/2017/02/25/counternarratives-not-fact-che.html).
Druckman, J.N., Gubitz, S.R., Lloyd, A.M. e Levendusky, M.S.
2019 *How incivility on partisan media (de)polarizes the electorate*, in «The Journal of Politics», 81, 1, pp. 291-295.
Dubois, E. e Blank, G.
2018 *The echo chamber is overstated: The moderating effect of political interest and diverse media*, in «Information, Communication and Society», 21, 5, pp. 729-745.

Edyvane, D.
2020 *Incivility as dissent*, in «Political Studies», 68, 1, pp. 93-109.
Esser, F., de Vreese, C.H., Strömbäck, J., van Aelst, P., Aalberg, T., Stanyer, J., Lengauer, G., Berganza, R., Legnante, G., Papathanassopoulos, S., Salgado, S., Sheafer, T. e Reinemann, C.
2012 *Political information opportunities in Europe: A longitudinal and comparative study of thirteen television systems*, in «The International Journal of Press/Politics», 17, 3, pp. 247-274.

Faris, R., Roberts, H., Etling, B., Bourassa, N., Zuckerman, E. e Benkler, Y.
2017 *Partisanship, Propaganda, and Disinformation: Online Media and the 2016 US Presidential Election*, Cambridge, MA, Berkman Klein Center Research.

Fiorina, M.P. e Abrams, S.J.
2008 *Political polarization in the American public*, in «Annual Review of Political Science», 11, pp. 563-588.
Fiorina, M.P., Abrams, S.J. e Pope, J.C.
2005 *Culture War? The Myth of a Polarized America*, New York, Pearson Longman.
Flaxman, S., Goel, S. e Rao, J.M.
2016 *Filter bubbles, echo chambers, and online news consumption*, in «Public Opinion Quarterly», 80, S1, pp. 298-320.
Fontana, S.
2019 *Tutti gli insulti che Salvini ha dedicato ai suoi avversari su Twitter*, in «Wired Italia», 19 giugno (https://www.wired.it/attualita/politica/2019/06/10/salvini-lista-insulti-avversari-twitter/).
Foucault, M.
1977 *Microfisica del potere. Interventi politici*, Torino, Einaudi.
Freelon, D. e Wells, C.
2020 *Disinformation as political communication*, in «Political Communication», 37, 2, pp. 145-156.

Garrett, R.K.
2009a *Echo chambers online? Politically motivated selective exposure among Internet news users*, in «Journal of Computer-Mediated Communication», 14, 2, pp. 265-285.
2009b *Politically motivated reinforcement seeking: Reframing the selective exposure debate*, in «Journal of Communication», 59, 4, pp. 676-699.
Garrett, R.K. e Stroud, N.J.
2014 *Partisan paths to exposure diversity: Differences in pro- and counterattitudinal news consumption*, in «Journal of Communication», 64, 4, pp. 680-701.
Gastil, J.
2019 *A practical defense of civility in a time of political warfare*, in Boatright, Shaffer, Sobieraj e Young [2019, 161-175].
Gelfert, A.
2018 *Fake news: A definition*, in «Informal Logic», 38, 1, pp. 84-117.
Gentzkow, M. e Shapiro, J.M.
2011 *Ideological segregation online and offline*, in «The Quarterly Journal of Economics», 126, 4, pp. 1799-1839.
Gerbaudo, P.
2018 *Il partito piattaforma. La trasformazione dell'organizzazione politica nell'era digitale*, Milano, Fondazione Giangiacomo Feltrinelli.

2020 *I partiti digitali. L'organizzazione politica nell'era delle piattaforme*, Bologna, Il Mulino.

Gervais, B.T.

2015 *Incivility online: Affective and behavioral reactions to uncivil political posts in a web-based experiment*, in «Journal of Information Technology and Politics», 12, 2, pp. 167-185.

2017 *More than mimicry? The role of anger in uncivil reactions to elite political incivility*, in «International Journal of Public Opinion Research», 29, 3, pp. 384-405.

2018 *What to tweet when the top is toxic? Gauging references to the 2016 presidential candidates in House members' social media posts*, in S. Foreman e M. Godwin (a cura di), *The Roads to Congress 2016*, London, Palgrave Macmillan, pp. 43-56.

Giddens, A.

1994 *Le conseguenze della modernità*, Bologna, Il Mulino.

Giglietto, F., Iannelli, L., Valeriani, A. e Rossi, L.

2019 *«Fake news» is the invention of a liar: How false information circulates within the hybrid news system*, in «Current Sociology. La sociologie contemporaine», 67, 4, pp. 625-642.

Giglietto, F., Righetti, N., Rossi, L. e Marino, G.

2020 *It takes a village to manipulate the media: Coordinated link sharing behavior during 2018 and 2019 Italian elections*, in «Information, Communication and Society», 23, 6, pp. 867-891.

Gili, G. e Panarari, M.

2020 *La credibilità politica. Radici, forme, prospettive di un concetto inattuale*, Venezia, Marsilio.

Gillespie, T.

2018 *Custodians of the Internet: Platforms, Content Moderation, and the Hidden Decisions that Shape Social Media*, New Haven-London, Yale University Press.

Gitlin, T.

1986 *Watching Television: A Pantheon Guide to Popular Culture*, New York, Pantheon.

2013 *The uncivil and the incendiary*, in D.M. Shea e M.P. Fiorina (a cura di), *Can We Talk? The Rise of Rude, Nasty, Stubborn Politics*, New York, Pearson, pp. 53-66.

González-Cabrera, C., Ugalde, C., Figueroa, C. e Pesántez, J.

2019 *The impact of media literacy on the intention to share fake information in social networks*, in *Edulearn Proceedings 19. 11th Annual International Conference on Educa-*

tion and New Learning Technologies, Valencia, IATED, pp. 7123-7131.

Goovaerts, I. e Marien, S.
2020 *Uncivil communication and simplistic argumentation: Decreasing political trust, increasing persuasive power?*, in «Political Communication», 37, 6, pp. 1-21.

Graham, B.A.
2017 *Donald Trump blasts NFL anthem protesters: «Get that son of a bitch off the field»*, in «The Guardian», 23 settembre (https://www.theguardian.com/sport/2017/sep/22/donald-trump-nfl-national-anthem-protests/).

Granovetter, M.S.
1973 *The strength of weak ties*, in «American Journal of Sociology», 78, 6, pp. 1360-1380.

Groshek, J. e Koc-Michalska, K.
2017 *Helping populism win? Social media use, filter bubbles, and support for populist presidential candidates in the 2016 US election campaign*, in «Information Communication & Society», 20, 9, pp. 1389-1407.

Grossi, G.
2004 *L'opinione pubblica. Teoria del campo demoscopico*, Roma-Bari, Laterza.

Guess, A., Lyons, B., Montgomery, J., Nyhan, B. e Reifler, J.
2019 *Fake News, Facebook Ads, and Misperceptions: Assessing Information Quality in the 2018 U.S. Midterm Election Campaign*, Democracy Fund report (www.dartmouth.edu/~nyhan/fake-news-2018.pdf).

Guess, A., Nyhan, B. e Reifler, J.
2018 *Selective exposure to misinformation: Evidence from the consumption of fake news during the 2016 U.S. presidential campaign*, Working paper (http://wwwpersonal.umich.edu/~bnyhan/fake-news-2016.pdf).

Habermas, J.
1974 *Storia e critica dell'opinione pubblica*, Roma-Bari, Laterza.
2006 *Political communication in media society: Does democracy still enjoy an epistemic dimension? The impact of normative theory on empirical research*, in «Communication Theory», 16, 4, pp. 411-426.

Haim, M., Graefe, A. e Brosius, H.B.
2018 *Burst of the filter bubble? Effects of personalization on the diversity of Google News*, in «Digital Journalism», 6, 3, pp. 330-343.

Halberstam, Y. e Knight, B.
2016 *Homophily, group size, and the diffusion of political information in social networks: Evidence from Twitter*, in «Journal of Public Economics», 143, pp. 73-88.
Hallin, D.C. e Mancini, P.
2004 *Modelli di giornalismo. Mass media e politica nelle democrazie occidentali*, Roma-Bari, Laterza.
Hamedy, S.
2018 *Obama explains «what the Russians exploited» in new interview with Letterman*, in «CNN Politics», 12 gennaio (https://edition.cnn.com/2018/01/12/politics/david-letterman-barack-obama-netflix-interview-russia/index.html).
Hapgood, F.
1995 *The Media Lab at 10*, in «Wired», 11 gennaio (https://www.wired.com/1995/11/media/).
Heatherly, K.A., Lu, Y. e Lee, J.K.
2017 *Filtering out the other side? Cross-cutting and like-minded discussions on social networking sites*, in «New Media and Society», 19, 8, pp. 1271-1289.
Hedrick, A., Karpf, D. e Kreiss, D.
2018 *The earnest Internet vs. the ambivalent Internet*, in «International Journal of Communication», 12, 8, pp. 1057-1064.
Herbst, S.
2010 *Rude Democracy: Civility and Incivility in American Politics*, Philadelphia, PA, Temple University Press.
Higgins, K.
2016 *Post-truth: A guide for the perplexed*, in «Nature News», 540, 7631, p. 9.
Hill, R.P., Capella, M. e Cho, Y.N.
2015 *Incivility in political advertisements: A look at the 2012 US presidential election*, in «International Journal of Advertising», 34, 5, pp. 812-829.
Hopp, T.
2019 *A network analysys of political incivility dimensions*, in «Communication and the Public», 4, 3, pp. 204-223.
Howard, P.N., Woolley, S. e Calo, R.
2018 *Algorithms, bots, and political communication in the US 2016 election: The challenge of automated political communication for election law and administration*, in «Journal of Information Technology and Politics», 15, 2, pp. 81-93.
Humprecht, E., Esser, F. e van Aelst, P.
2020 *Resilience to online disinformation: A framework for cross-national comparative research*, in «The International Journal of Press/Politics», 25, 3, pp. 493-516.

Hwang, H., Kim, Y. e Kim, Y.
2018 *Influence of discussion incivility on deliberation: An examination of the mediating role of moral indignation*, in «Communication Research», 45, 2, pp. 213-240.

Iyengar, S., Lelkes, Y., Levendusky, M., Malhotra, N. e Westwood, S.J.
2019 *The origins and consequences of affective polarization in the United States*, in «Annual Review of Political Science», 22, pp. 129-146.

Iyengar, S., Sood, G. e Lelkes, Y.
2012 *Affect, not ideology a social identity perspective on polarization*, in «Public Opinion Quarterly», 76, 3, pp. 405-431.

Jack, C.
2017 *What's propaganda got to do with it?*, in «Data and Society Points», 5.

Jamieson, K.H.
2011 *Civility in Congress (1935-2011) as reflected in the taking down process*, APPC Report No. 1, The Annenberg Public Policy Center of the University of Pennsylvania.

Jamieson, K.H. e Cappella, J.N.
2008 *Echo Chamber: Rush Limbaugh and the Conservative Media Establishment*, New York, Oxford University Press.

Jamieson, K.H., Volinsky, A., Weitz, I. e Kenski, K.
2017 *The political uses and abuses of civility and incivility*, in K. Kenski e K.H. Jamieson (a cura di), *The Oxford Handbook of Political Communication*, New York, Oxford University Press, pp. 205-218.

Jenkins, H.
2007 *Cultura convergente*, Milano, Apogeo.

Jungherr, A., Posegga, O. e An, J.
2019 *Discursive power in contemporary media systems: A comparative framework*, in «The International Journal of Press/Politics», 24, 4, pp. 404-425.

Jungherr, A., Rivero, G. e Gayo-Avello, D.
2020 *Retooling Politics: How Digital Media Are Shaping Democracy*, Cambridge, Cambridge University Press.

Kakutani, M.
2018 *The Death of Truth: Notes on Falsehood in the Age of Trump*, New York, Tim Duggan Books.

Kampf, Z.
2015 *The politics of being insulted: The uses of hurt feelings in Israeli public discourse*, in «Journal of Language Aggression and Conflict», 3, 1, pp. 107-127.

Keane, J.
2013 *Democracy and Media Decadence*, Cambridge, Cambridge University Press.
Kenski, K., Coe, K. e Rains, S.A.
2019 *Perceptions of incivility in public discourse*, in Boatright, Shaffer, Sobieraj e Young [2019, 45-60].
Kenski, K., Filer, C.R. e Conway-Silva, B.A.
2018 *Lying, liars, and lies: Incivility in 2016 presidential candidate and campaign tweets during the invisible primary*, in «American Behavioral Scientist», 62, 3, pp. 286-299.
Klein, E.
2020 *Why We're Polarized*, New York, Simon and Schuster.
Klinger, U. e Svensson, J.
2015 *The emergence of network media logic in political communication: A theoretical approach*, in «New media and society», 17, 8, pp. 1241-1257.
Kosmidis, S. e Theocharis, Y.
2020 *Can social media incivility induce enthusiasm? Evidence from survey experiments*, in «Public Opinion Quarterly», 84, S1, pp. 284-308.
Kreiss, D., Lawrence, R.G. e McGregor, S.C.
2020 *Political identity ownership: Symbolic contests to represent members of the public*, in «Social Media + Society», 6, 2 (DOI: 10.1177/2056305120926495).
Kwon, K.H. e Gruzd, A.
2017 *Is aggression contagious online? A case of swearing on Donald Trump's campaign videos on YouTube*, in *Proceedings of the 50th Hawaii International Conference on System Sciences*, Manoa, University of Hawaii (http://hdl.handle.net/10125/41417).

Lawrence, E., Sides, J. e Farrell, H.
2010 *Self-segregation or deliberation? Blog readership, participation, and polarization in American politics*, in «Perspectives on Politics», 8, 1, pp. 141-157.
Lee, J.C. e Quealy, K.
2016 *The 282 people, places and things Donald Trump has insulted on Twitter: A complete list*, in «The New York Times», 23 ottobre (http://www.nytimes.com/interactive/2016/01/28/up).
Lelkes, Y., Sood, G. e Iyengar, S.
2017 *The hostile audience: The effect of access to broadband internet on partisan affect*, in «American Journal of Political Science», 61, 1, pp. 5-20.

Levendusky, M.
2013 *How Partisan Media Polarize America*, Chicago, The University of Chicago Press.
Levendusky, M. e Malhotra, N.
2016 *Does media coverage of partisan polarization affect political attitudes?*, in «Political Communication», 33, 2, pp. 283-301.
Lippmann, W.
1963 *L'opinione pubblica*, Milano, Edizioni di Comunità.

Maddalena, G. e Gili, G.
2017 *Chi ha paura della post-verità? Effetti collaterali di una parabola culturale*, Bologna, Marietti 1820.
Mair, P.
2016 *Governare il vuoto. La fine della democrazia dei partiti*, Soveria Mannelli, Rubbettino.
Maisel, L.S.
2012 *The negative consequences of uncivil political discourse*, in «PS Political Science and Politics», 45, 3, p. 405.
Mancini, P.
2015 *Il post partito*, Bologna, Il Mulino.
Manin, B.
2010 *Principi del governo rappresentativo*, Bologna, Il Mulino.
2014 *La democrazia del pubblico è in pericolo?*, in «Comunicazione politica», 14, 3, pp. 575-580.
Martel, C., Pennycook, G. e Rand, D.G.
2020 *Reliance on emotion promotes belief in fake news*, in «Cognitive Research: Principles and Implications», 5, 47, pp. 1-20.
Marwick, A. e Lewis, R.
2017 *Media Manipulation and Disinformation Online*, New York, Data e Society Research Institute.
Mason, L.
2013 *The rise of uncivil agreement: Issue versus behavioral polarization in the American electorate*, in «American Behavioral Scientist», 57, 1, pp. 140-159.
2018 *Uncivil Agreement: How Politics Became Our Identity*, Chicago, The University of Chicago Press.
Massaro, T.M. e Stryker, R.
2012 *Freedom of speech, liberal democracy, and emerging evidence on civility and effective democratic engagement*, in «Arizona Law Review», 54, pp. 375-441.
Mazzoleni, G. e Sfardini, A.
2009 *Politica pop. Da «Porta a porta» a «L'isola dei famosi»*, Bologna, Il Mulino.

McCaffrey, J.M.
2009 *Inside the Spanish-American War: A History Based on First-Person Accounts*, Jefferson, NC, Mcfarland.
McCarty, N., Poole, K.T. e Rosenthal, H.
2016 *Polarized America: The Dance of Ideology and Unequal Riches*, Cambridge, MA, The MIT Press.
McCombs, M.E. e Shaw, D.L.
1972 *The agenda-setting function of mass media*, in «Public Opinion Quarterly», 36, 2, pp. 176-187.
McCombs, M.E. e Valenzuela, S.
2004 *Setting the Agenda: The Mass Media and Public Opinion*, Cambridge, Polity Press.
McIntyre, L.
2018 *Post-Truth*, Cambridge, MA, The MIT Press.
Merton, R.K.
2000 *Teoria e struttura sociale*, vol. III: *Sociologia della conoscenza e sociologia della scienza*, Bologna, Il Mulino.
Mitchell, A., Gottfried, J., Barthel, M. e Shearer, E.
2016 *Pathways to news*, in «Pew Research Center/Journalism & Media» (http://www.journalism.org/2016/07/07/pathways-to-news/).
Montgomery-M'Govern, J.B.
1898 *An important phase of gutter journalism: Faking*, in «The Arena», 19, 99, pp. 240-253.
Muddiman, A.
2013 *The Instability of Incivility: How News Frames and Citizen Perceptions Shape Conflict in American Politics*, tesi di laurea, Austin, University of Texas.
2017 *Personal and public levels of political incivility*, in «International Journal of Communication», 11, pp. 3182-3202.
2019 *How people perceive political incivility*, in Boatright, Shaffer, Sobieraj e Young [2019, 31-44].
Muddiman, A. e Stroud, N.J.
2017 *News values, cognitive biases, and partisan incivility in comment sections*, in «Journal of Communication», 67, 4, pp. 586-609.
Mustafaraj, E. e Metaxas, P.T.
2017 *The fake news spreading plague: Was it preventable?*, in *Proceedings of the 2017 ACM Web Science Conference*, New York, Association for Computing Machinery, pp. 235-239.
Mutz, D.C.
2006 *Hearing the Other Side: Deliberative versus Participatory Democracy*, Cambridge, Cambridge University Press.

2015 *In-Your-Face Politics: The Consequences of Uncivil Media*, Princeton, NJ, Princeton University Press.
Mutz, D.C. e Reeves, B.
2005 *The new videomalaise: Effects of televised incivility on political trust*, in «American Political Science Review», 99, 1, pp. 1-15.

Nagle, A.
2018 *Contro la vostra realtà: come l'estremismo del web è diventato mainstream*, Roma, Luiss University Press.
Negri, A.
2017 *Iraq, la madre di tutte le bufale*, in «Commentary – ISPI», pp. 1-3 (https://www.ispionline.it/it/pubblicazione/iraq-la-madre-di-tutte-le-bufale-16215).
Negroponte, N.
1995 *Essere digitali*, Milano, Sperling e Kupfer.
Neuman, W.R. e De Sola Pool, I.
1986 *The flow of communication into the home*, in S. Ball-Rokeach e M.G. Cantor, *Media, Audience, and Social Structure*, London, Sage, pp. 71-86.
Neuman, W.R., Park, Y.J. e Panek, E.
2012 *Tracking the flow of information into the home: An empirical assessment of the digital revolution in the US from 1960-2005*, in «International Journal of Communication», 6, pp. 1022-1041.
Nguyen, A. e Vu, H.T.
2019 *Testing popular news discourse on the «echo chamber» effect: Does political polarisation occur among those relying on social media as their primary politics news source?*, in «First Monday», 24, 5.
Nguyen, C.T.
2020 *Echo chambers and epistemic bubbles*, in «Episteme», 17, 2, pp. 141-161.
Nichols, T.
2017 *La conoscenza e i suoi nemici. L'era dell'incompetenza e i rischi per la democrazia*, Roma, Luiss University Press.
Noelle-Neuman, N.
2002 *La spirale del silenzio. Per una teoria dell'opinione pubblica*, Roma, Meltemi.

Ott, B.L.
2017 *The age of Twitter: Donald J. Trump and the politics of debasement*, in «Critical Studies in Media Communication», 34, 1, pp. 59-68.

Ott, B.L. e Dickinson, G.
2019 *The Twitter Presidency: Donald J. Trump and the Politics of White Rage*, New York-London, Routledge.
Otto, L.P., Lecheler, S. e Schuck, A.R.
2019 *Is context the key? The (non-)differential effects of mediated incivility in three European countries*, in «Political Communication», 37, 1, pp. 88-107.

Palano, D.
2020 *Bubble Democracy. La fine del pubblico e la nuova polarizzazione*, Brescia, Morcelliana.
Papacharissi, Z.
2004 *Democracy online: Civility, politeness, and the democratic potential of online political discussion groups*, in «New Media and Society», 6, 2, pp. 259-283.
2015 *Affective Publics: Sentiment, Technology, and Politics*, Oxford, Oxford University Press.
2016 *Affective publics and structures of storytelling: Sentiment, events and mediality*, in «Information, Communication and Society», 19, 3, pp. 307-324.
Pariser, E.
2012 *Il filtro. Quello che Internet ci nasconde*, Milano, il Saggiatore.
Patterson, T.E.
2002 *The vanishing voter: Why are the voting booths so empty?*, in «National Civic Review», 91, 4, pp. 367-377.
Pennycook, G. e Rand, D.G.
2019 *Lazy, not biased: Susceptibility to partisan fake news is better explained by lack of reasoning than by motivated reasoning*, in «Cognition», 188, pp. 39-50.
Perrin, A.
2020 *23% of users in U.S. say social media led them to change vews on an issue; some cite Black Lives Matter*, in «Pew Research Center/Politics & Media» (https://pewrsr.ch/2SXWXKQ).
Pharr, S.J. e Putnam, R.D.
2000 *Disaffected Democracies: What's Troubling the Trilateral Countries?*, Princeton, NJ, Princeton University Press.
Phillips, T. e Smith, P.
2004 *Emotional and behavioural responses to everyday incivility: Challenging the fear/avoidance paradigm*, in «Journal of Sociology», 40, 4, pp. 378-399.
Phillips, W. e Milner, R.M.
2017 *The Ambivalent Internet: Mischief, Oddity, and Antagonism Online*, Cambridge, Polity Press.

Piovene, G.
1957 *Viaggio in Italia*, Milano, Mondadori.
Poole, K.T. e Rosenthal, H.
1984 *The polarization of American politics*, in «The Journal of Politics», 46, 4, pp. 1061-1079.
Postman, N.
1985 *Amusing Ourselves to Death: Public Discourse in the Age of Show Business*, New York, Penguin.
Price, V.
2004 *L'opinione pubblica*, Bologna, Il Mulino.
Prior, M.
2007 *Post-Broadcast Democracy: How Media Choice Increases Inequality in Political Involvement and Polarized Elections*, Cambridge, Cambridge University Press.
2013 *Media and political polarization*, in «Annual Review of Political Science», 16, pp. 101-127.

Quandt, T.
2018 *Dark participation*, in «Media and Communication», 6, 4, pp. 36-48.

Rasmussen, T.
2014 *Internet and the political public sphere*, in «Sociology Compass», 8, 12, pp. 1315-1329.
Reese, S.D.
1991 *Setting the media's agenda: A power balance perspective*, in «Annals of the International Communication Association», 14, 1, pp. 309-340.
Reese, S.D., Rutigliano, L., Hyun, K. e Jeong, J.
2007 *Mapping the blogosphere: Professional and citizen-based media in the global news arena*, in «Journalism», 8, 3, pp. 235-261.
Rega, R. e Marchetti, R.
2019 *L'incivility nelle Politiche 2018. Fine del dibattito pubblico?*, in «Comunicazione politica», 20, 1, pp. 15-38.
Robinson, M.J.
1975 *American political legitimacy in an era of electronic journalism: Reflections on the evening news*, in D. Carter e R. Adler (a cura di), *Television as a Social Force: New Approaches to TV Criticism*, New York, Praeger, pp. 97-139.
Ronchey, A.
1977 *Accadde in Italia (1968-1977)*, Milano, Garzanti.
Rosanvallon, P.
2012 *Controdemocrazia. La politica nell'era della sfiducia*, Roma, Castelvecchi.

Rose, J.
2017 *Brexit, Trump, and post-truth politics*, in «Public Integrity», 19, 6, pp. 555-558.
Rossini, P.
2019a *Disentangling uncivil and intolerant discourse in online political talk*, in Boatright, Shaffer, Sobieraj e Young [2019, 142-157].
2019b *Toxic for whom? Examining the targets of uncivil and intolerant discourse in online political talk*, in P. Moy e D. Mathelson (a cura di), *Voices: Exploring the Shifting Contours of Communication*, New York, Peter Lang, pp. 221-242.
2020 *Beyond incivility: Understanding patterns of uncivil and intolerant discourse in online political talk*, in «Communication Research» (DOI: 10.1177/0093650220921314).

Sandvoss, C.
2019 *The politics of against: Political participation, anti-fandom, and populism*, in M.A. Click (a cura di), *Anti-fandom: Dislike and Hate in the Digital Age*, New York, New York University Press, pp. 125-146.
Sartori, G.
1999 *Homo videns. Televisione e post-pensiero*, Roma-Bari, Laterza.
Schudson, M.
2010 *Il buon cittadino. Una storia di vita civica americana*, Soveria Mannelli, Rubbettino.
Settle, J.E.
2018 *Frenemies: How Social Media Polarizes America*, Cambridge, Cambridge University Press.
Shao, C., Ciampaglia, L.G., Varol, O., Flammini, G. e Menczer, F.
2018 *The spread of low-credibility content by social bots*, in «Nature Communications», 9, 1, 4788 (DOI:10.1038/s41467-018-06930-7).
Shea, D.M. e Sproveri, A.
2012 *The rise and fall of nasty politics in America*, in «PS Political Science and Politics», 45, 3, pp. 416-421.
Shearer, E. e Gottfried, J.
2017 *News use across social media platforms 2017*, in «Pew Research Center/Journalism & Media».
Shirky, C.
2008 *Here Comes Everybody: The Power of Organizing without Organizations*, London, Penguin.

Silverman, C.
2016 *This analysis shows how viral fake election news stories outperformed real news on Facebook*, in «Buzzfeed News», 16 novembre (https://www.buzzfeednews.com/article/craigsilverman/viral-fake-election-news-outperformed-real-news-on-facebook).
Silverman, C. e Alexander, L.
2016 *How teens in the Balkans are duping Trump supporters with fake news*, in «Buzzfeed News», 3 novembre (https://www.buzzfeednews.com/article/craigsilverman/how-macedonia-became-a-global-hub-for-pro-trump-misinfo).
Sobieraj, S. e Berry, J.M.
2011 *From incivility to outrage: Political discourse in blogs, talk radio, and cable news*, in «Political Communication», 28, 1, pp. 19-41.
Sorice, M.
2020 *La «piattaformizzazione» della sfera pubblica*, in «Comunicazione politica», 21, 3, pp. 371-388.
Stromer-Galley, J., McKernan, B., Rossini, P., Hemsley, J., Bolden, S.E. e Korsunska, A.
2020 *Illuminating 2020 report: The 2020 general election campaign advertising on Facebook* (https://news.illuminating.ischool.syr.edu/2020/12/04/illuminating-2020-report-the-2020-general-election-campaign-advertising-on-facebook/).
Stroud, N.J.
2010 *Polarization and partisan selective exposure*, in «Journal of Communication», 60, 3, pp. 556-576.
Stryker, R., Conway, B.A. e Danielson, J.T.
2016 *What is political incivility?*, in «Communication Monographs», 83, 4, pp. 535-556.
Suhay, E., Bello-Pardo, E. e Maurer, B.
2018 *The polarizing effects of online partisan criticism: Evidence from two experiments*, in «The International Journal of Press/Politics», 23, 1, pp. 95-115.
Sunstein, C.
2003 *Republic.Com. Cittadini informati o consumatori di informazioni?*, Bologna, Il Mulino.
2009 *Republic.Com 2.0*, Princeton, NJ, Princeton University Press.
2017 *#Republic. La democrazia nell'epoca dei social media*, Bologna, Il Mulino.

Sydnor, E.
2019 *Signaling incivility: The role of speaker, substance, and tone*, in Boatright, Shaffer, Sobieraj e Young [2019, 61-80].

Tarde, G.
1901 *L'opinion et la foule*, Paris, PUF.
Thompson, M.
2017 *La fine del dibattito pubblico. Come la retorica sta distruggendo la lingua della democrazia*, Milano, Feltrinelli.
Tocqueville, A. de
1962 *La democrazia in America*, Bologna, Cappelli.
Tsfati, Y., Boomgaarden, H.G., Strömbäck, J., Vliegenthart, R., Damstra, A. e Lindgren, E.
2020 *Causes and consequences of mainstream media dissemination of fake news: Literature review and synthesis*, in «Annals of the International Communication Association», 44, 2, pp. 157-173.

Urbinati, N.
2013 *Democrazia in diretta. Le nuove sfide alla rappresentanza*, Milano, Feltrinelli.

Valenzuela, S., Halpern, D., Katz, J.E. e Miranda, J.P.
2019 *The paradox of participation versus misinformation: Social media, political engagement, and the spread of misinformation*, in «Digital Journalism», 7, 6, pp. 802-823.
van der Linden, S., Maibach, E., Cook, J., Leiserowitz, A. e Lewandowsky, S.
2017 *Inoculating against misinformation*, in «Science», 358, 6367, pp. 1141-1142.
van Dijck, J., Poell, T. e de Waal, M.
2019 *Platform Society. Valori pubblici e società connessa*, Milano, Guerini Scientifica e Associati.
Vicari, S., Iannelli, L. e Zurovac, E.
2020 *Political hashtag publics and counter-visuality: A case study of #fertilityday in Italy*, «Information, Communication and Society», 23, 9, pp. 1235-1254.
Viennot, B.
2019 *La lingua di Trump*, Torino, Einaudi.

Walter, N. e Murphy, S.T.
2018 *How to unring the bell: A metanalytic approach to correction of misinformation*, in «Communication Monographs», 85, 3, pp. 423-441.

Wardle, C. e Derakhshan, H.
2017 *Information disorder: Toward an interdisciplinary framework for research and policy making*, in «Council of Europe Report», 27, pp. 1-107.
Webster, J.G.
2014 *The Marketplace of Attention: How Audiences Take Shape in a Digital Age*, Cambridge, MA, The MIT Press.
Wojcieszak, M.
2015 *Polarization, political*, in G. Mazzoleni (a cura di), International Encyclopedia of Political Communication, London, Wiley-Blackwell, vol. III.

Yarchi, M., Baden, C. e Kligler-Vilenchik, N.
2020 *Political polarization on the digital sphere: A cross-platform, over-time analysis of interactional, positional, and affective polarization on social media*, in «Political Communication», 38, 1, pp. 1-42.
Yin, L., Roscher, F., Bonneau, R., Nagler, J. e Tucker, J.A.
2018 *Your Friendly Neighborhood Troll: The Internet Research Agency's Use of Local and Fake News in the 2016 US Presidential Campaign*, SMaPP Report, Social Media and Political Participation Lab, New York University.

Zerilli, L.
2014 *Against civility: A feminist perspective*, in A. Sarat (a cura di), *Civility, Legality, and Justice in America*, Cambridge, Cambridge University Press, pp. 107-131.
Zucherman, E.
2020 *What is digital public infrastructure?*, Center for Journalism & Liberty, 17 novembre (https://www.journalismliberty.org/publications/what-is-digital-public-infrastructure).
Zuiderveen Borgesius, F., Trilling, D., Möller, J., Bodó, B., De Vreese, C.H. e Helberger, N.
2016 *Should we worry about filter bubbles?*, in «Internet Policy Review. Journal on Internet Regulation», 5, 1, pp. 1-16.

Finito di stampare nel mese di settembre 2021
presso Tipografia Casma, Bologna

Stampato su carta Arena Natural di Fedrigoni S.p.A.,
prodotta nel pieno rispetto del patrimonio boschivo

UNIVERSALE PAPERBACKS IL MULINO

Ultimi volumi pubblicati:

772. Nöel Carroll, *Lo humour.*
773. Paolo Legrenzi – Alessandra Jacomuzzi, *Si fa presto a dire psicologia. Come siamo e come crediamo di essere.*
774. Françoise Benhamou, *L'economia della cultura.*
775. Pierluigi Allotti, *La libertà di stampa. Dal XVI secolo ad oggi.*
776. Mara Morini, *La Russia di Putin.*
777. Paolo Nichelli, *Il cervello e la mente.*
778. Yorick Gomez Gane, *Bello.*
779. Maria Giuseppina Pacilli, *Uomini duri. Il lato oscuro della mascolinità.*
780. Giuseppe Mammarella, *Dove va l'America.*
781. Alessandra Aloisi, *La potenza della distrazione.*
782. Egidio Ivetic, *I Balcani. Civiltà, confini, popoli. (1453-1912).*
783. Federico Fabbrini, *Brexit.Tra diritto e politica.*
784. Mirko Breitenstein, *I benedettini.*
785. Giulia Guazzaloca, *Umani e animali. Breve storia di una relazione complicata.*
786. Angelica Moè, *Motivarsi. Tre buone ragioni e qualche strategia.*
787. Marcello Flores, *Il genocidio.*
788. Ermanno Orlando, *Le repubbliche marinare.*
789. Wolfram Kinzig, *La persecuzione dei primi cristiani.*
790. Barbara Volpi, *Docenti digitali. Insegnare e sviluppare nuove competenze nell'era di internet.*
791. Giuseppe Cospito, *Egemonia. Da Omero ai Gender Studies.*
792. Giorgio Ravegnani, *La vita a Venezia nel Medioevo.*
793. Francesco Billari – Cecilia Tomassini, *Rapporto sulla popolazione. L'Italia e le sfide della demografia.*
794. Beatrice Gallelli, *La Cina di oggi in otto parole.*
795. Alessia Amighini, *L'economia cinese nel XXI secolo.*
796. Sara Bentivegna – Giovanni Boccia Artieri, *Voci della democrazia. Il futuro del dibattito pubblico.*